Sprossen schmecken frisch

und leicht nach Nüssen. Sie lassen sich als Salat,
in einer Suppe, als Bestandteil eines Hauptgerichts
oder als raffinierte Beilage enorm vielseitig verwen-
den. Die Rezeptvielfalt in diesem Küchen-Ratgeber
beweist das. Sprossen und Keime sind wirklich ein
Genuß und zudem noch sehr gesund. Durchs ganze
Jahr bieten sie neben Mineralstoffen auch viele
Vitamine. Und das Keimen selbst macht großen
Spaß.
Probieren Sie's einfach mal!

Die Farbfotos gestalteten
Odette Teubner
und Kerstin Mosny.

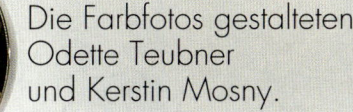

4 Wissenswertes über Sprossen

4 Rund um die Sprossen
5 Die verschiedenen Keimmethoden
9 Die verschiedenen Sprossen
9 Alfalfa (Luzerne)
9 Azukibohnen
9 Bockshornklee
10 Buchweizen
10 Erbsen
10 Gelbe Sojabohnen
10 Gerste
11 Grünkern
11 Hafer
11 Hirse
11 Kichererbsen
12 Kresse
12 Kürbiskerne
12 Leinsamen
12 Linsen
13 Mungobohnen
13 Naturreis
13 Rettich
13 Roggen
14 Samenmischungen
14 Senf
14 Sesam
14 Sojabohnen
14 Sonnenblumenkerne
15 Weizen

16 Salate und Frischkost

16 Tomatensalat mit Käse und Alfalfa
16 Feldsalat mit Kürbiskernsprossen
18 Rucola-Melonen-Salat mit Alfalfa
18 Sprossensalat mit Kräutern
20 Chicorée-Orangen-Salat mit Rettich
20 Rote-Bete-Sellerie-Rohkost mit Sesam
22 Kartoffelsalat mit Azukibohnen
24 Möhrenrohkost mit Hafer
24 Rettichrohkost mit Kürbiskernen
26 Kichererbsenaufstrich
27 Auberginencreme mit Alfalfa
28 Sprossenmüsli mit Beeren
28 Erdbeer-Kiwi-Salat mit Sprossen
30 Pfirsichmüsli mit Leinsamen
30 Aprikosen mit Sprossen

32 Feine Suppen

32 Rote-Bete-Suppe mit Gerstensprossen
32 Kartoffelsuppe mit Leinsamen
34 Spargelsuppe mit Käseklößchen
34 Zuckerschotensuppe mit Alfalfa
36 Curry-Gemüse-Suppe
38 Fenchel-Tomaten-Suppe
38 Gurkensuppe mit Mungobohnen

40 **Hauptgerichte**

40 Nudeln mit Alfalfa-
Zitronen-Sauce
40 Nudeln mit Linsensprossen
42 Ananascurry
mit Kichererbsensprossen
44 Gorgonzolarisotto
mit Azukibohnen
44 Hirse mit Tomaten
und Mungobohnen

46 Quiche mit grünen Bohnen
und Sprossen
48 Tomaten-Zucchini-Pizza
mit Sprossen
50 Pellkartoffeln
mit Sprossen-Quark
50 Gemüse mit Senfsprossen
52 Grünkernpflänzchen
mit Sprossen

54 **Beilagen**

54 Sprossen in Sahnesauce
54 Gratinierte Sprossen
mit Tomaten
56 Sauerkraut mit Sprossen
56 Lauch-Sprossen-Gemüse
58 Sprossengemüse
provenzalisch
59 Kichererbsensprossen
mit Spinat
60 Blumenkohlgemüse
mit Mungobohnen
60 Hafersprossen
mit Mangold

62 **Rezept- und
Sachregister**

64 **Wichtiger Hinweis**

Rund um die Sprossen

Frisch gezogene Sprossen und Keime schmecken zart, leicht süßlich und nußartig; sie verfeinern also so manches Gericht. Zudem versorgt uns das Frischgemüse vor allem im Winter, wenn Sie neben tiefgefrorenem Gemüse fast nur Treibhausware kaufen können, mit wichtigen Vitaminen und Mineralstoffen. Die meisten Samen, aus denen Sie Sprossen ziehen können, sind normalerweise nur in gegartem Zustand genießbar. So müssen Getreide und Hülsenfrüchte eingeweicht und gekocht werden, damit der Körper sie verwerten kann. Durch den Garprozeß gehen aber teilweise wertvolle Inhaltsstoffe verloren, andere gelangen ins Kochwasser und werden eventuell abgegossen. Sprossen können Sie jedoch – bis auf wenige Ausnahmen – roh essen. Sie sind also wertvolle Rohkost und bereichern somit den täglichen Speisezettel.

In jedem Samen sind alle Inhaltsstoffe gespeichert, die die Pflanze später zum Wachsen benötigt. Allein diese Tatsache verdeutlicht, wie hoch die Nährwertkonzentration im Samen ist. Alle Samen haben einen Keim, der durch günstige Bedingungen wie Feuchtigkeit, Sauerstoff und Wärme zum Leben erweckt wird. Bei diesem Prozeß entwickelt er den Sproß (der später den Stengel bildet), Wurzeln und Blätter. Während der Samen keimt, findet eine rege Stoffwechseltätigkeit statt, und die Inhaltsstoffe verändern sich. Sie nehmen teilweise zu oder werden abgebaut und umgewandelt.

Der Vitamin- und Mineralstoffgehalt der Sprossen steigt stark an. So verdoppelt bis vervierfacht sich der Vitamingehalt gegenüber dem trockenen Samen. Der Fettgehalt dagegen wird reduziert, das heißt, Sie bekommen mit Sprossen weniger Kalorien. Trotzdem sättigen Sprossen: denn sie enthalten neben Zucker auch schwer lösliche Stärke, die der Körper während der Verdauung nur langsam abbaut. Sprossen sind also nicht nur als Vitaminlieferanten wertvoll, sondern sorgen für ein angenehmes, anhaltendes Sättigungsgefühl.

Wenn Sie allerdings an pflanzliche Lebensmittel noch nicht so gewöhnt sind, sollten Sie eines berücksichtigen: Auch Sprossen enthalten Ballaststoffe. Und wenn Sie bisher hauptsächlich leicht verdauliche Lebensmittel wie Brot aus Auszugsmehl, polierten Reis und viel Fleisch gegessen haben, sollten Sie Ihrem Körper Zeit lassen, sich auf eine ballaststoffreiche Ernährung umzustellen. In diesem Fall wäre es also besser, nicht gleich mit einem reinen Sprossengericht zu beginnen, sondern eines auszuwählen, das nur mit Sprossen angereichert ist.

Die verschiedenen Keimmethoden

Bei allen Keimmethoden geht man nach demselben Grundprinzip vor: Die Samen werden gründlich verlesen (gebrochene und beschädigte Samen sind nicht oder nur sehr eingeschränkt keimfähig), einige Stunden in Wasser eingeweicht, damit sie Feuchtigkeit aufnehmen können und der Wachstumsprozeß in Gang kommt. Dann wird das Wasser wieder abgegossen, damit die Keime atmen können. Die Sprossen müssen nun gleichmäßig feucht gehalten werden, dürfen aber nicht im Wasser liegen bleiben, da sie sonst zu wenig Sauerstoff bekommen und schimmeln.

Wie oft Sie die Sprossen befeuchten müssen, hängt sowohl von der Temperatur (im Sommer brauchen die Sprossen mehr Wasser als im Winter) als auch von der jeweiligen Sorte ab. Die Angaben, die Sie bei den einzelnen Sprossensorten finden, sind also nur Richtwerte.

Die gebräuchlichsten »trockenen« Samen sind:
1. Weizen, 2. Kürbiskerne, 3. Kresse,
4. Alfalfa, 5. Sonnenblumenkerne,
6. Leinsamen, 7. Kichererbsen,
8. Azukibohnen, 9. Sesam,
10. Linsen, 11. Hirse,
12. Bockshornklee, 13. Senf,
14. Mungobohnen, 15. Hafer,
16. Buchweizen, 17. Roggen,
18. Rettich, 19. Gerste, 20. Erbsen.

Am Anfang sollten Sie die Sprossen regelmäßig beobachten und sie immer dann befeuchten, wenn sie trocken aussehen. Neben Feuchtigkeit und Sauerstoff benötigen die Sprossen auch eine möglichst gleichmäßige Temperatur – etwa um 21° – damit sie optimal wachsen können. Während höhere Temperaturen dem Keimvorgang im allgemeinen nicht schaden, lassen sich Samen in einem zu kühlen Raum meist nicht zu Sprossen ziehen. Sprossen sollten immer an einem hellen Platz, nicht aber direkt in der Sonne gekeimt werden. Die meisten Sorten sind nach 3–5 Tagen eßbar, Sie können sie aber auch länger keimen lassen, wenn Sie auf das frische Blattgrün Wert legen. Immer wieder wird inzwischen über den Nitratgehalt von Sprossen diskutiert. Man hat bei Untersuchungen festgestellt, daß der Nitratgehalt sinkt, wenn man die Sprossen einige Tage länger keimen läßt als üblich. Allerdings schmekken die Sprossen dann in der Regel sehr streng. Und der Ni-

tratgehalt von Sprossen ist im Vergleich zu anderen Gemüsearten, wie zum Beispiel Blattsalaten und Rettich, noch immer eher gering. Durch Bakterien und Schimmelpilze kann Nitrat in Nitrit umgewandelt werden, durch das wiederum in Verbindung mit bestimmten Eiweißbausteinen Nitrosamine entstehen können. Die Bildung von Nitrosaminen kann übrigens durch Zugabe von Vitamin-C-haltigen Lebensmitteln – beispielsweise Zitronensaft – gehemmt werden. Und auch Sprossen enthalten reichlich Vitamin C.

<u>Wichtig:</u> Sie sollten alle Samen nur aus kontrolliert-ökologischem Anbau kaufen, da Sie nur dann sicher sein können, daß die Samen nicht chemisch behandelt oder gespritzt wurden. Samen, die es in Gärtnereien gibt, sind meist ebenfalls behandelt und für die Aufzucht von Sprossen ungeeignet. Beachten Sie auch den »Wichtigen Hinweis« auf Seite 64.

<u>Das Keimen im Weckglas</u>
Diese einfache und zugleich billige Methode empfehle ich vor allem Sprossenneulingen, die sich vielleicht nicht gleich zu Anfang ein Keimgerät anschaffen möchten. Sie benötigen dafür einige Gläser von 1–1 1/2 l Fassungsvermögen, Gummiringe und Stoff. Der Stoff sollte nicht zu feinmaschig sein, damit das Wasser gut ablaufen kann, aber auch nicht zu grob gewebt, da sonst kleine Samen wie zum Beispiel Alfalfa durchrutschen könnten. Am besten

Samen in handwarmem Wasser einweichen.

Wasser durch das Mulltuch ablaufen lassen.

Samen wieder neu befeuchten. Das Keimen im Weckglas ist die einfachste und preiswerteste Methode, Sprossen zu ziehen.

geeignet ist Verbandmull, den es in verschiedenen Stoffbreiten in Apotheken zu kaufen gibt. Die Samen werden zunächst gründlich verlesen, das heißt, von beschädigten Samen und eventuell vorhandenem Schmutz befreit. Dann spülen Sie die Samen in einem Sieb gründlich ab, geben sie in die Weckgläser und weichen sie einige Stunden in handwarmem Wasser ein. Danach befestigen Sie den Stoff mit einem Gummiring auf dem Glas und lassen das Wasser gut ablaufen. Dazu bringen Sie das Glas am besten in Schräglage oder stellen es auf ein Kuchengitter, damit das Wasser auch wirklich vollständig ablaufen kann. Auf diese Weise befeuchten Sie die Sprossen dann täglich neu: Handwarmes Wasser einlaufen lassen, die Sprossen etwa 15 Minuten darin stehenlassen und das Wasser dann wieder gründlich ablaufen lassen. Weckgläser und Stoff müssen übrigens immer sehr gründlich gereinigt werden, damit sich keine Bakterien ansammeln.

<u>Das Keimen im Keimgerät</u>
Ein im Handel (Reformhäuser, Naturkostläden und Gartencenter) erhältliches Keimgerät ist der Biosnacky, der aus drei Keimschalen mit Syphonhütchen, einer Auffangschale für das ablaufende Wasser und einem Deckel besteht. Die Keimschalen werden vor dem Gebrauch mit kaltem Wasser abgespült und anschließend mit beliebigen – vorher eingeweichten Samen – gefüllt. Die Keimschalen müssen so aufein-

Im Handel sind viele verschiedene Geräte erhältlich, die das Keimen von Sprossen noch einfacher machen.

Manche Samen entwickeln dünne Sprossen, die sich in den Hütchen sammeln können und dann ein gleichmäßiges und gründliches Ablaufen des Wassers beeinträchtigen. Nach dem Reinigen die Schalen gründlich heiß abspülen, damit keine Spülmittelreste darin bleiben. Vom gleichen Hersteller gibt es inzwischen ein Keimgerät mit nur einer Schale, wenn Sie nur eine einzige Sorte keimen wollen. Das geht allerdings auch im »dreigeschossigen« Keimgerät, da Sie ja nicht alle Schalen füllen müssen.

Außerdem gibt es (von einer anderen Firma) auch ein Keimgerät aus Ton, das nach demselben Prinzip funktioniert wie der Biosnacky. Der Unterschied besteht jedoch darin, daß die Samen im Tonkeimer im Dunkeln keimen, was die Bildung von Blattgrün verhindert. Er besteht ebenfalls aus drei Keimschalen, einem Deckel und einer bleifrei glasierten Auffangschale. Sie können die Sprossen im Tonkeimer zum Schluß offen stehenlassen, wenn Sie darauf Wert legen, daß die Sprossen grüne Blättchen entwickeln. Ein Nachteil dieses Gerätes liegt darin, daß der Nitratgehalt der Sprossen höher ist, wenn sie im Dunkeln keimen.

andergesetzt werden, daß die roten Syphonhütchen, durch die das Wasser abläuft, nicht übereinander, sondern versetzt stehen. Zum Bewässern der Samen gießen Sie so viel handwarmes Wasser in die oberste Schale, bis das Syphonhütchen ganz davon bedeckt ist, also mindestens 1/2 l. Das Wasser durchläuft dann automatisch die einzelnen Keimschalen und sammelt sich zum Schluß in der Auffangschale. Dieses Wasser können Sie zum Beispiel zum Blumengießen verwenden, da es mit Nährstoffen angereichert ist, die die Samen abgegeben haben.

Wenn Sie nun Samen keimen wollen, die verschieden oft bewässert werden müssen, geben Sie die Sorte, die weniger Feuchtigkeit benötigt, in die oberste Keimschale und gießen das Wasser in die zweite Schale.

Das Biosnacky-Keimgerät muß nach jedem Gebrauch gründlich gereinigt werden, da sich in den Rillen der Schalen Bakterien sammeln können. Auch die Syphonhütchen sollten Sie jedesmal abnehmen und säubern.

Das Keimen
in der Keimfrischbox

Die Keimfrischbox besteht aus einem durchsichtigen Plastikrohr, das an beiden Enden mit einem Sieb-Schraubverschluß abgeschlossen wird. Außerdem werden zwei Dichtungsdeckel mitgeliefert. Man schraubt den Dichtungsring mit dem grünen Deckel auf, füllt die Samen ein und verschließt die Box mit dem feinmaschigen gelben Deckel. Die Keimbox wird etwa zur Hälfte mit handwarmem Wasser gefüllt. Darin lassen Sie die Samen je nach Sorte einige Stunden quellen. Anschließend drehen Sie die Keimbox um, entfernen den Dichtungsring aus dem grünen Deckel und schrauben den Deckel wieder auf. So können Sie die Samen unter fließendem Wasser durchspülen. Die Keimbox wird anschließend schräg in ein flaches Gefäß gelegt, so daß das restliche Wasser gründlich ablaufen kann. Vom gleichen Hersteller gibt es seit einiger Zeit drei kleinere Boxen zu kaufen, so daß Sie mehrere Sorten gleichzeitig keimen können.

Das Keimen auf einem Teller

Früher wurde zum Keimen von schleimbildenden Samen wie Kresse, Leinsamen und Senf eine Unterlage aus Papier oder Watte empfohlen. Inzwischen weiß man aber, daß diese Materialien die Bildung von Bakterien fördern, was auch die Bildung von Nitrit nach sich zieht. Sie sollten diese Methoden deshalb nicht anwenden. Statt dessen können Sie schleimbildende Samen nach dem Einweichen auf einem flachen Teller verteilen und immer gleichmäßig feucht halten. Das geht am besten mit einer Wäschespritze.

Woran es liegen kann, wenn die Samen nicht keimen:

- Die Samen sind zu alt.
- Die Samen haben zuwenig Feuchtigkeit und trocknen aus.
- Die Samen haben zuviel Flüssigkeit und beginnen zu schimmeln.
- Die Samen sind nicht aus biologischem Anbau. Getreide und Hülsenfrüchte aus konventionellem Anbau, die zum Kochen bestimmt sind, werden manchmal mit chemischen Mitteln behandelt, um den Keimprozeß zu verhindern, wenn sie beispielsweise feucht gelagert werden.
- Das Keimgefäß ist nicht gründlich gereinigt. Es haben sich Bakterien angesammelt, und die Samen fangen an zu schimmeln. Auch Reste von Spülmittel können den Keimprozeß verhindern.
- Es sind zu viele Samen im Keimbehälter: Die Samen haben zu wenig Platz, um sich auszudehnen und zu wenig Sauerstoff.
- Die Samen sind direkter Sonnenbestrahlung ausgesetzt und werden zu trocken.

Beim Keimen von Samen auf einem Teller sollten die Samen, am besten mit einer Wäschespritze, gleichmäßig feucht gehalten werden.

Die verschiedenen Sprossen

In dieser Übersicht finden Sie alle zum Keimen geeigneten Samen, die ich in den Rezepten verwendet habe. Samen, mit denen ich kein zufriedenstellendes Ergebnis erzielen konnte, fehlen hier ganz oder sind nur kurz erwähnt.

Alfalfa (Luzerne)

wird wegen des Vitamin- und Mineralstoffgehaltes auch als Königin der Sprossen bezeichnet. Alfalfa ist reich an Vitamin C und E sowie den Mineralstoffen Phosphor, Eisen, Calcium, Magnesium und Kalium.
<u>Keimmethode:</u> Alfalfa muß nicht eingeweicht werden. Beim Keimen habe ich mit dem Weckglas die besten Erfahrungen gemacht, da die Sprossen sehr dünn sind und den Syphon des Biosnackys verstopfen können. Befeuchtet werden die Samen 1–2mal täglich.
<u>Keimdauer:</u> 4–5 Tage. Sie können sie aber bis zu 8 Tagen keimen lassen, wenn Sie das frische Blattgrün mitverwenden möchten. 10 g Alfalfasamen ergeben nach 5 Tagen etwa 50 g Sprossen.

<u>Besonderheiten:</u> Alfalfasprossen wachsen beim Keimen etwas zusammen. Sie können sie jedoch nach dem Waschen mit einer Gabel ganz leicht wieder lockern. Die Sprossen bilden beim Keimen manchmal feine Faserwürzelchen, die nicht mit Schimmel zu verwechseln sind. Alfalfa wird fertig gekeimt in manchen Reformhäusern und Naturkostläden angeboten. Da die Sprossen aber meist in Folie verpackt angeboten werden, entstehen unter Umständen dieselben Probleme wie bei fertig gewaschenem, in Folie verpacktem Salat. Es bilden sich durch die feuchte Atmosphäre in den Plastikbeuteln sehr viele Bakterien. Sie sollten also immer auf das Mindesthaltbarkeitsdatum achten und nur Sprossen kaufen, die kühl gelagert wurden.

Azukibohnen

sind kleine rote Sojabohnen, die im Vergleich zu anderen Hülsenfrüchten leichter verdaulich sind. Da Azukibohnen nur in geringen Mengen angebaut werden, sind sie relativ teuer. Azukibohnen enthalten Vitamine der B-Gruppe sowie die Mineralstoffe Magnesium, Phosphor, Kalium, Calcium und Eisen.
<u>Keimmethode:</u> Azukibohnen 6–12 Stunden in lauwarmem Wasser einweichen, dann im Weckglas, dem Keimgerät oder der Keimfrischbox keimen lassen. Die Samen dabei 1–2mal täglich wässern.
<u>Keimdauer:</u> 3–5 Tage. 10 g Azukibohnensamen ergeben nach 3 Tagen etwa 25 g Sprossen.
<u>Besonderheiten:</u> Wie alle Hülsenfrüchte enthalten auch Azukibohnen in rohem Zustand giftige Substanzen. Ich habe sie deshalb in allen Gerichten etwa 3 Minuten blanchiert.

Bockshornklee

ist ein pikantes (Heil-)kraut und Bestandteil der indischen Currymischung. Bockshornklee soll bei Darminfektionen heilend wirken. Die Samen sind reich an Vitamin A und C sowie an Eisen.
<u>Keimmethode:</u> Die Samen werden etwa 5 Stunden in lauwarmem Wasser eingeweicht. Keimen kann man Bockshornklee im Weckglas, Keimgerät oder in der Keimfrischbox. Bewässert wird er 1–2 mal täglich.

<u>Keimdauer:</u> etwa 3 Tage.
10 g Bockshornkleesamen
ergeben etwa 35 g Sprossen.
<u>Besonderheiten:</u> Bockshornklee
nicht länger als 3 Tage keimen lassen, da er sonst bitter
schmeckt.

Buchweizen

ist kein Getreide, sondern zählt
zu den Knöterichgewächsen.
Die kleinen, in der Form den
Bucheckern ähnlichen Früchte
sind reich an Stärke, Eiweiß,
Vitaminen der B-Gruppe und
Niacin. Außerdem enthalten sie
Kalium, Phosphor, Magnesium
und Eisen. Buchweizen kann zu
süßen wie auch zu pikanten
Gerichten verarbeitet werden.
<u>Keimmethode:</u> Die Samen 1–2
Stunden in lauwarmem Wasser
einweichen. Keimen können
Sie Buchweizen in Weckglä-
sern, dem Keimgerät oder der
Keimfrischbox. Bewässert wird
er 1mal täglich.
<u>Keimdauer:</u> 3–4 Tage.
10 g Buchweizensamen
ergeben nach 4 Tagen etwa
25 g Sprossen.
<u>Besonderheiten:</u> Buchweizen
sondert beim Keimen Schleimstoffe ab. Sie sollten ihn deshalb täglich gut durchspülen
und darauf achten, daß er nicht
zu feucht liegt.

Erbsen (gelbe und grüne)
sind reich an Eiweiß und den
Vitaminen A, C, der B-Gruppe
und Niacin. Außerdem enthalten sie die Mineralstoffe Eisen,
Magnesium, Kalium, Calcium
und Phosphor. Sie können Erbsen geschält und ungeschält
zum Keimen bringen.
<u>Keimmethode:</u> Erbsensamen
6–12 Stunden in lauwarmem
Wasser einweichen, dann im
Weckglas, dem Keimgerät
oder der Keimfrischbox keimen
lassen. Die Samen 1–2mal täglich wässern.
<u>Keimdauer:</u> 3–5 Tage.
10 g Erbsensamen ergeben
nach 3 Tagen etwa 20 g
Sprossen.

Gelbe Sojabohnen

Was man gewöhnlich als
Sojasprossen serviert bekommt,
sind eigentlich Mungobohnensprossen. Sie können natürlich
auch aus gelben Sojabohnen
Sprossen ziehen, die Anleitung
finden Sie unter dem Stichwort
Mungobohnen.

Gerste

ist eine der ältesten Kulturpflan-
zen. Sie kommt entspelzt oder
als Sprießkorngerste in den
Handel. Zum Keimen müssen
Sie Sprießkorngerste beziehungsweise Nacktgerste kaufen. Gekeimt wird Gerste zur
Herstellung von Malz und Kaf-
fee-Ersatz verwendet. Gerste ist
reich an Eiweiß, Stärke, den
Mineralstoffen Calcium, Kalium, Eisen und Phosphor sowie
Vitaminen der B-Gruppe, Vitamin E und Niacin.
<u>Keimmethode:</u> Samen 6–12
Stunden in lauwarmem Wasser
einweichen. Gerste lassen Sie
im Weckglas, dem Keimgerät
oder der Keimfrischbox keimen.
Bewässert werden die Samen
1–2mal täglich.
<u>Keimdauer:</u> 2–5 Tage.
10 g Gerstensamen ergeben
nach 3 Tagen etwa 25 g
Sprossen.
<u>Besonderheiten:</u> Gerstenkeime
haben wie alle Getreidesprossen einen leicht süßlichen Geschmack. An den Sprossen bilden sich kleine Faserwürzelchen, die nicht mit Schimmel zu
verwechseln sind.

Grünkern

wird aus Dinkel, der Urform des Weizens, gewonnen und kann nicht zum Keimen gebracht werden, da er unreif geerntet und anschließend gedarrt wird.

Hafer

ist reich an ungesättigten Fettsäuren, den Vitaminen der B-Gruppe, Vitamin E und Niacin sowie den Mineralstoffen Calcium, Phosphor und Magnesium. Zum Keimen brauchen Sie Nackthafer.
<u>Keimmethode:</u> Die Samen 4–8 Stunden in lauwarmem Wasser einweichen. Im Weckglas, Keimgerät oder der Keimfrischbox keimen lassen, dabei 1mal täglich wässern.
<u>Keimdauer:</u> 2–5 Tage.
10 g Haferkörner ergeben nach 3 Tagen etwa 25 g Sprossen.
<u>Besonderheiten:</u> Hafersprossen bilden feine Faserwürzelchen, die nicht mit Schimmel zu verwechseln sind.

Hirse

ist reich an Eiweiß, Vitaminen der B-Gruppe und Niacin sowie den Mineralstoffen Magnesium, Eisen, Phosphor und Kieselsäure.
<u>Keimmethode:</u> Samen etwa 4 Stunden in lauwarmem Wasser einweichen. Im Weckglas, dem Keimgerät oder der Keimfrischbox keimen lassen, dabei 1mal täglich wässern.
<u>Keimdauer:</u> 3–5 Tage.
10 g Hirsekörner ergeben nach 3 Tagen etwa 25 g Sprossen.
<u>Besonderheiten:</u> Hirse ist sehr schwer zum Keimen zu bringen, deshalb habe ich die Sprossen in die Rezepte nicht aufgenommen.

Kichererbsen

sind eine Hülsenfruchtart aus dem Mittelmeerraum, die leicht nußartig schmeckt. Sie sind reich an den Vitaminen A, C, Vitaminen der B-Gruppe und Niacin sowie den Mineralstoffen Kalium, Calcium, Phosphor und Eisen.
<u>Keimmethode:</u> Samen 6–12 Stunden in lauwarmem Wasser einweichen. Im Weckglas, dem Keimgerät oder der Keimfrischbox keimen lassen, dabei 2–3mal täglich wässern.
<u>Keimdauer:</u> 3–5 Tage.
10 g Kichererbsensamen ergeben nach 3 Tagen etwa 20 g Sprossen.
<u>Besonderheiten:</u> Kichererbsen enthalten natürliche Giftstoffe, die während des Keimprozesses vermutlich nur teilweise abgebaut werden. Zur Sicherheit habe ich Kichererbsensprossen in allen Gerichten etwa 3 Minuten gegart, da die Giftstoffe dabei in jedem Fall zerstört werden.

Kresse (Gartenkresse)
ist eine Kulturform der Brunnenkresse und ein beliebtes Küchenkraut. Sie können sie in fast allen Lebensmittelgeschäften fertig gekeimt mit Blättchen kaufen, allerdings werden sie da ebenfalls auf Watte oder ähnlichen Materialien gekeimt, was, wie bereits erwähnt, die Bakterienbildung fördert.
Kresse ist reich an Vitamin A, Vitaminen der B-Gruppe, Vitamin C und Niacin. Außerdem enthält sie die Mineralstoffe Kalium, Calcium, Eisen und Phosphor.
Keimmethode: Samen etwa 4 Stunden in der doppelten Menge lauwarmen Wassers einweichen. Kressesamen dann auf einem flachen Teller keimen lassen. Kresse 2–3mal täglich befeuchten.
Keimdauer: 5–6 Tage.
10 g Kressesamen ergeben nach 5 Tagen etwa 50 g Sprossen.
Besonderheiten: Kresse sondert beim Einweichen reichlich Schmierstoffe ab. Sie ist deshalb nicht besonders gut zum Keimen im Weckglas und in Keimgeräten geeignet, da das Wasser nicht gründlich genug ablaufen kann.

Kürbiskerne
sind die Samen der Kürbispflanze. Sie enthalten reichlich Eiweiß, Vitamine der B-Gruppe, Vitamin E und die Mineralstoffe Phosphor und Eisen.
Keimmethode: Samen etwa 4 Stunden in lauwarmem Wasser einweichen. Dann im Weckglas, dem Keimgerät oder der Keimfrischbox keimen lassen, dabei 1mal täglich wässern.
Keimdauer: 3–4 Tage.
10 g Kürbiskerne ergeben nach 3 Tagen etwa 20 g Sprossen.
Besonderheiten: Kürbiskernsprossen erinnern im Geschmack an Zuckererbsen, werden jedoch beim Keimen manchmal bitter.

Leinsamen
sind die Samen der Flachspflanze. Sie sind reich an Fett (Leinöl) und Vitamin E. Der Genuß von Leinsamen hilft bei Verdauungsproblemen.
Keimmethode: Samen etwa 4 Stunden in lauwarmem Wasser einweichen. Beim Keimen habe ich mit einem flachen Teller die besten Erfahrungen gemacht. Leinsamen 1–2 mal täglich mit Wasser befeuchten.
Keimdauer: 3–6 Tage.
10 g Leinsamen ergeben nach 4 Tagen etwa 25 g Sprossen.
Besonderheiten: Leinsamen sondert wie Kresse und Senf beim Einweichen Schleimstoffe ab, die Sie immer gut abspülen sollten.

Naturreis

wird von den Spelzen befreit, die Samenschale und der Keim bleiben erhalten. Ich habe mit einigen Sorten erfolglos versucht, Sprossen zu ziehen. Da Reissprossen aber in der Literatur häufig erwähnt werden, ist es möglich, daß ich bei den vielen Sorten, die es zu kaufen gibt, nicht die richtigen erwischt habe. In die Rezepte habe ich Reissprossen jedoch nicht aufgenommen.

Linsen

sind die kleinen grauen, braunen, gelblichen, grünen oder rötlichen Früchte eines Schmetterlingsblüters und reich an den Vitaminen A, solchen der B-Gruppe und Niacin. Außerdem enthalten sie Kalium, Eisen und Phosphor sowie − wie alle Hülsenfrüchte − hochwertiges pflanzliches Eiweiß.
Keimmethode: Samen 6−12 Stunden in lauwarmem Wasser einweichen. Im Weckglas, dem Keimgerät oder der Keimfrischbox keimen lassen, dabei 1−2mal täglich wässern.
Keimdauer: 3−4 Tage.
10 g Linsensprossen ergeben nach 3 Tagen etwa 40 g Sprossen.
Besonderheiten: Rote Linsen sind geschält und lassen sich deshalb nur sehr schwer zum Keimen bringen.

Mungobohnen

(grüne Sojabohnen)
sind manchmal auch unter der Bezeichnung Mungbohne im Handel erhältlich. Diese Sojabohnenart ist besonders leicht zum Keimen zu bringen. Mungobohnen enthalten reichlich Vitamin A und E, Vitamine der B-Gruppe sowie die Mineralstoffe Eisen, Phosphor, Kalium, Magnesium und Calcium.
Keimmethode: Die Mungobohnensamen 6−12 Stunden in lauwarmem Wasser einweichen. Im Weckglas, dem Keimgerät oder der Keimfrischbox keimen lassen, dabei 1−2mal täglich wässern.
Keimdauer: 3-5 Tage.
10 g Mungobohnensamen ergeben nach 3 Tagen etwa 35 g Sprossen.
Besonderheiten: Die Mungobohnensamen enthalten Phasin, ein natürliches Gift, das beim Keimen wahrscheinlich nur teilweise abgebaut wird. Durch Hitze wird dieses Gift aber zerstört. Deshalb die Sprossen immer etwa 3 Minuten garen.

Rettich

ist der Samen des weißen Rettichs. Er ist reich an den Vitaminen der B-Gruppe, Vitamin C und Niacin sowie den Mineralstoffen Kalium, Calcium, Eisen, Phosphor und Natrium.
Keimmethode: Rettichsamen etwa 4 Stunden in lauwarmem Wasser einweichen. Im Weckglas, dem Keimgerät oder der Keimfrischbox keimen lassen, dabei 1mal täglich wässern.
Keimdauer: 3−5 Tage (länger sollten Sie Rettich nicht keimen lassen, da die Samen sonst sehr scharf schmecken).
10 g Rettichsamen ergeben nach 4 Tagen etwa 40 g Sprossen.

Besonderheiten: Rettichsamen
sind in vielen Samenmischungen enthalten, da sie eine anti-
bakterielle Wirkung haben und
so die Schimmelbildung verhindern.

Roggen

ist neben Weizen das wichtigste Brotgetreide der Welt. Er
versorgt unseren Körper mit Vitaminen der B-Gruppe, Vitamin
A, E und Niacin sowie den Mineralstoffen Kalium, Calcium,
Phosphor, Magnesium und Eisen.
Keimmethode: Roggenkörner
6–12 Stunden in lauwarmem
Wasser einweichen. Im Weckglas, Keimgerät oder der Keimfrischbox keimen lassen, dabei
1mal täglich wässern.
Keimdauer: 2–5 Tage.
10 g Roggenkörner ergeben
nach 3 Tagen etwa 25 g
Sprossen.
Besonderheiten: Roggensprossen haben wie alle Getreidesprossen einen leicht süßlichen
Geschmack. Und sie bilden feine Faserwürzelchen, die nicht
mit Schimmel zu verwechseln
sind.

Sesam

zählt zu den Ölsaaten. Er ist
reich an ungesättigten Fettsäuren. Außerdem enthält Sesam
Vitamine der B-Gruppe, Vitamin A, E und Niacin sowie
die Mineralstoffe Calcium und
Eisen.
Keimmethode: Sesamsamen
etwa 4 Stunden in lauwarmem
Wasser einweichen. Im Weckglas an einem nicht zu hellen
Ort keimen lassen, dabei alle
1–2 Tage wässern.
Keimdauer: 3–6 Tage.
10 g Sesamsamen ergeben
nach 4 Tagen etwa 20 g
Sprossen.
Besonderheiten: Sesamsamen
sind schwer zum Keimen zu
bringen. Es gibt inzwischen
spezielle Samen zum Keimen,
die Sie sich in jedem Fall be-
sorgen sollten.

Sojabohnen

siehe unter den Stichworten
»Mungobohnen« und »gelbe
Sojabohnen«.

Sonnenblumenkerne

sind die Samen der Sonnen-
blume. Sie enthalten reichlich
Fett (Sonnenblumenöl), Eiweiß
und Vitamin E, Vitamine der B-
Gruppe und Niacin. Außerdem
sind sie reich an den Mineralstoffen Calcium und Eisen.
Keimmethode: Samen etwa
4 Stunden in lauwarmem Wasser einweichen. Im Weckglas,
Keimgerät oder in der Keimfrischbox keimen lassen, dabei
1mal täglich wässern.
Keimdauer: 3–5 Tage.
10 g Sonnenblumenkerne
ergeben nach 3 Tagen etwa
20 g Sprossen.

Samenmischungen

Einige Hersteller von Reform- und Naturkostwaren bieten verschiedene Samenmischungen wie zum Beispiel Alfalfa/Rettich, Mungobohne/Rettich und einiges mehr an. Natürlich können Sie diese Mischungen auch selbst herstellen und die Samen in einem Gefäß gemischt zum Keimen bringen. Sie sollten dabei nur darauf achten, daß Sie Samen mit gleichen Keimeigenschaften, beispielsweise Keimdauer und Wasserbedarf, wählen.

Senf

enthält natürliche Antibiotika und ist ideal für die Regulierung der Darmflora. Senfsprossen schmecken würzig und scharf, sind reich an Vitamin A und C, Vitaminen der B-Gruppe sowie den Mineralstoffen Phosphor, Kalium, Calcium, Eisen und Natrium.

Keimmethode: Senfsamen etwa 4 Stunden in lauwarmem Wasser einweichen. Im Weckglas, dem Keimgerät, in der Keimfrischbox oder auf einem flachen Teller keimen lassen, dabei höchstens 1mal täglich wässern.

Keimdauer: 3–5 Tage.
10 g Senfsamen ergeben nach 4 Tagen etwa 30 g Sprossen.

Besonderheiten: Senf bildet beim Einweichen und Keimen Schmierstoffe: Es dürfen deshalb niemals zu viele Samen gleichzeitig gekeimt werden, da sie sonst verkleben und schimmeln. Senfsprossen bilden außerdem beim Keimen feine Faserwürzelchen, die nicht mit Schimmel zu verwechseln sind. Verschimmelte Samen erkennen Sie ganz leicht am Geruch.

Weizen

ist vor allem wegen seiner guten Backeigenschaften (viel Klebereiweiß) das wichtigste Brotgetreide. Er enthält Vitamine der B-Gruppe, Vitamin A, E und Niacin sowie die Mineralstoffe Eisen, Phosphor, Kalium und Calcium.

Keimmethode: Weizenkörner 6–12 Stunden in lauwarmem Wasser einweichen. Im Weckglas, dem Keimgerät oder in der Keimfrischbox keimen lassen, dabei 1mal täglich wässern.

Keimdauer: 2–5 Tage.
10 g Weizenkörner ergeben nach 3 Tagen etwa 25 g Sprossen.

Besonderheiten: Weizensprossen sind nicht mit Weizenkeimen zu verwechseln, die bereits beim Mahlen des ganzen Getreidekorns abgetrennt werden. Weizensprossen haben einen leicht süßlichen Geschmack, der mit süßen wie auch mit pikanten Zutaten harmoniert. Weizensprossen bilden beim Keimen feine Faserwürzelchen, die nicht mit Schimmel zu verwechseln sind.

Tomatensalat mit Käse und Alfalfa

Alfalfasprossen schmecken zart und aromatisch und harmonieren besonders gut mit der fruchtigen Säure der Tomaten.

Zutaten für 4 Personen:
650 g vollreife Tomaten
1/2 weiße Zwiebel
150 g schnittfester Schafkäse
100 g Alfalfasprossen
(etwa 20 g Trockengewicht)
1/4 Bund frischer Thymian
2 Eßl. Weißweinessig
Salz
schwarzer Pfeffer, frisch gemahlen
3 Eßl. Olivenöl, kaltgepreßt

Schnell

Pro Portion etwa:
1100 kJ/260 kcal
8 g Eiweiß · 21 g Fett
6 g Kohlenhydrate
4 g Ballaststoffe

• Zubereitungszeit: etwa
  20 Minuten

1. Die Tomaten waschen und in Achtel schneiden, dabei die Stielansätze entfernen. Die Zwiebelhälfte in feine Scheiben schneiden. Den Schafkäse würfeln. Die Alfalfasprossen in einem Sieb kalt abspülen und abtropfen lassen. Den Thymian waschen und die Blättchen von den Stielen streifen.

2. Für die Marinade den Essig mit Salz und Pfeffer in einer Schüssel verrühren. Das Öl teelöffelweise unterrühren.

3. Die Tomaten mit der Zwiebel, dem Schafkäse, den Alfalfasprossen und dem Thymian in einer Schüssel mischen. Das Dressing vorsichtig untermengen.

Feldsalat mit Kürbiskernsprossen

Zutaten für 3 Personen:
200 g Feldsalat
150 g Champignons oder Egerlinge
1 Eßl. Zitronensaft
50 g Kürbiskernsprossen
(etwa 25 g Trockengewicht)
1 Bund Schnittlauch
1 Teel. scharfer Senf
(zum Beispiel Dijon-Senf)
Salz
weißer Pfeffer, frisch gemahlen
1 1/2 Eßl. Aceto balsamico
(Balsamessig)
4 Eßl. Olivenöl, kaltgepreßt
1 kleine Knoblauchzehe

Ohne tierisches Eiweiß

Pro Portion etwa:
1300 kJ/310 kcal
7 g Eiweiß · 31 g Fett
3 g Kohlenhydrate
3 g Ballaststoffe

• Zubereitungszeit: etwa
  30 Minuten

1. Den Feldsalat von allen welken Blättern befreien und in stehendem kaltem Wasser mehrmals gründlich waschen. Dann gut abtropfen lassen. Die Pilze putzen und eventuell kurz kalt abspülen, dann blättrig schneiden. Die Pilze mit dem Zitro-

nensaft mischen, damit sie sich nicht zu stark verfärben. Die Sprossen in einem Sieb kalt abspülen und abtropfen lassen. Den Schnittlauch waschen und in feine Röllchen schneiden.

2. Für das Dressing in einer Schüssel den Senf mit Salz, Pfeffer und dem Aceto balsamico verrühren. 3 Eßlöffel von dem Olivenöl teelöffelweise unterrühren.

3. Die Marinade mit dem Feldsalat mischen und auf Tellern anrichten.

4. Die Knoblauchzehe schälen und sehr fein hacken.

5. Das restliche Olivenöl in einer Pfanne erhitzen und die Pilze darin bei mittlerer bis starker Hitze etwa 3 Minuten unter Rühren braten, bis sie leicht gebräunt sind. Den Knoblauch untermischen und kurz anschwitzen.

6. Die Pilze auf dem Feldsalat verteilen und mit den Kürbiskernsprossen und dem Schnittlauch bestreut servieren.

Im Bild oben:
Tomatensalat mit Käse und Alfalfa
Im Bild unten:
Feldsalat mit Kürbiskernsprossen

Rucola-Melonen-Salat mit Alfalfa

In Italien haben Sie sie wahrscheinlich schon einmal serviert bekommen, die wunderbar aromatische Rucola, auch Salatrauke oder Roquette genannt. Inzwischen ist Rucola auch bei uns immer häufiger auf den Märkten zu finden.

Zutaten für 4 Personen:
150 g Rucola
1/2 Netzmelone (etwa 400 g)
150 g Alfalfasprossen
(etwa 30 g Trockengewicht)
1 Teel. scharfer Senf
2 Eßl. Aceto balsamico (Balsamessig)
1 Eßl. Weißweinessig
Salz
weißer Pfeffer, frisch gemahlen
1 Prise Muskatnuß, frisch gerieben
4 Eßl. Olivenöl, kaltgepreßt
1 Eßl. Sonnenblumenkerne

Raffiniert
Ohne tierisches Eiweiß

Pro Portion etwa:
1200 kJ/290 kcal
5 g Eiweiß · 28 g Fett
6 g Kohlenhydrate
2 g Ballaststoffe

● Zubereitungszeit: etwa 30 Minuten

1. Die Rucola verlesen, in stehendem kaltem Wasser waschen und gut abtropfen lassen oder trockenschleudern. Die Melone von den Kernen befreien und das Fruchtfleisch aus der Schale lösen. Das Melonenfleisch klein würfeln. Die

Sprossen in einem Sieb kalt abspülen und gründlich abtropfen lassen. Die Rucola mit der Melone und den Sprossen in einer Schüssel mischen.

2. Für das Dressing den Senf mit den beiden Essigsorten, Salz, Pfeffer und dem Muskat verrühren. Das Olivenöl teelöffelweise unterrühren.

3. Das Dressing über dem Salat verteilen.

4. Die Sonnenblumenkerne in einer trockenen Pfanne bei mittlerer Hitze unter Rühren rösten, bis sie würzig duften. Den Salat mit den Sonnenblumenkernen bestreuen.

Sprossensalat mit Kräutern

Zutaten für 4 Personen:
je 50 g Leinsamen-, Roggen-, Rettich-,
Weizen- und Buchweizensprossen
(insgesamt etwa 100 g Trockengewicht)
100 g Spinat
3 Tomaten
50 g gemischte Kräuter
(zum Beispiel Zitronenmelisse,
Petersilie, Basilikum und Schnittlauch)
1 Knoblauchzehe
2 Eßl. Joghurt
1 Teel. scharfer Senf
2 Eßl. Kräuteressig
Salz
weißer Pfeffer, frisch gemahlen
3 Eßl. Olivenöl, kaltgepreßt

Gelingt leicht

Pro Portion etwa:
1200 kJ/290 kcal
9 g Eiweiß · 24 g Fett
6 g Kohlenhydrate
4 g Ballaststoffe

● Zubereitungszeit: etwa 30 Minuten

1. Die Sprossen in einem Sieb gründlich kalt abspülen und abtropfen lassen. Den Spinat verlesen, in stehendem kaltem Wasser waschen, abtropfen lassen und grob zerkleinern. Die Tomaten waschen und würfeln, dabei die Stielansätze herausschneiden. Die Kräuter waschen, trockenschwenken und ohne die groben Stiele fein zerkleinern.

2. Die Sprossen, den Spinat, die Tomaten und die Kräuter in einer Schüssel mischen.

3. Für das Dressing die Knoblauchzehe durch die Presse drücken. Dann mit dem Joghurt, dem Senf, dem Essig, Salz und Pfeffer verrühren. Das Olivenöl teelöffelweise unterrühren.

4. Das Dressing unter den Sprossensalat mischen.

Im Bild oben:
Rucola-Melonen-Salat mit Alfalfa
Im Bild unten:
Sprossensalat mit Kräutern

Chicorée-Orangen-Salat mit Rettich

Die Kombination aus Chicorée und Orangen fand ich schon immer faszinierend, und sie ist bis heute eine meiner liebsten Salatvarianten geblieben. Mit den zartwürzigen Rettich- sprossen vermischt, schmeckt dieser frische Salat noch aromatischer.

Zutaten für 4 Personen:
500 g Chicorée
500 g saftige Orangen
100 g Rettichsprossen
(etwa 25 g Trockengewicht)
1 Bund Schnittlauch
1 Eßl. Weißweinessig
Salz
1 Prise Zuckerrohrgranulat
2 Eßl. Weizenkeimöl

Schnell
Ohne tierisches Eiweiß

Pro Portion etwa:
710 kJ/170 kcal
4 g Eiweiß · 11 g Fett
14 g Kohlenhydrate
5 g Ballaststoffe

- Zubereitungszeit: etwa
  20 Minuten

1. Den Chicorée von den äußeren Blättern befreien, wa- schen und in etwa fingerbreite Scheiben schneiden. Die Oran- gen schälen und in kleine Stük- ke schneiden. Die Rettichspros- sen in einem Sieb kalt abspülen und abtropfen lassen. Den Schnittlauch waschen und in feine Röllchen schneiden.

2. Den Chicorée mit den Oran- gen, den Rettichsprossen und dem Schnittlauch in einer Schüssel mischen.

3. Für das Dressing den Essig mit Salz und dem Zuckerrohr- granulat vermischen. Das Öl teelöffelweise unterrühren. Das Dressing unter den Chicorée- salat mischen.

Rote-Bete-Sellerie-Roh-kost mit Sesam

Zutaten für 4 Personen:
300 g junge rote Bete
4–5 Stangensellerie
1/2 säuerlicher Apfel
75 g Sesamsamen
(etwa 35 g Trockengewicht)
2 Eßl. Kräuteressig
150 g saure Sahne
Salz
weißer Pfeffer, frisch gemahlen
1 Prise gemahlener Koriander
1 Prise Zuckerrohrgranulat
1 Eßl. Olivenöl, kaltgepreßt
1 Bund Petersilie

Preiswert

Pro Portion etwa:
800 kJ/190 kcal
6 g Eiweiß · 12 g Fett
13 g Kohlenhydrate
9 g Ballaststoffe

- Zubereitungszeit: etwa
  25 Minuten

1. Die roten Beten schälen und auf der Rohkostreibe fein ras- peln. Den Stangensellerie wa- schen und von den harten Fa- sern befreien. Den Sellerie mit dem Selleriegrün fein zerklei- nern. Den Apfel schälen, vom Kerngehäuse befreien und fein raspeln. Die Sesamsprossen in einem Sieb kalt abspülen und abtropfen lassen.

2. In einer Schüssel die roten Beten mit dem Sellerie, dem Apfel und den Sesamsprossen mischen.

3. Für das Dressing den Essig mit der sauren Sahne, Salz, Pfeffer, dem Koriander und dem Zuckerrohrgranulat ver- rühren. Das Olivenöl teelöffel- weise unterrühren. Das Dres- sing mit den Salatzutaten mi- schen.

4. Die Petersilie waschen, trockenschwenken und ohne die groben Stiele fein hacken. Die Rohkost mit der Petersilie bestreut servieren.

Varianten:
Statt der roten Beten schmecken auch Möhren in dieser Rohkost sehr gut. Den Sellerie können Sie auch einmal durch Kohlrabi oder Kürbis ersetzen.

Bild oben:
Chicorée-Orangen-Salat mit Rettich
Bild unten:
Rote-Bete-Sellerie-Rohkost mit Sesam

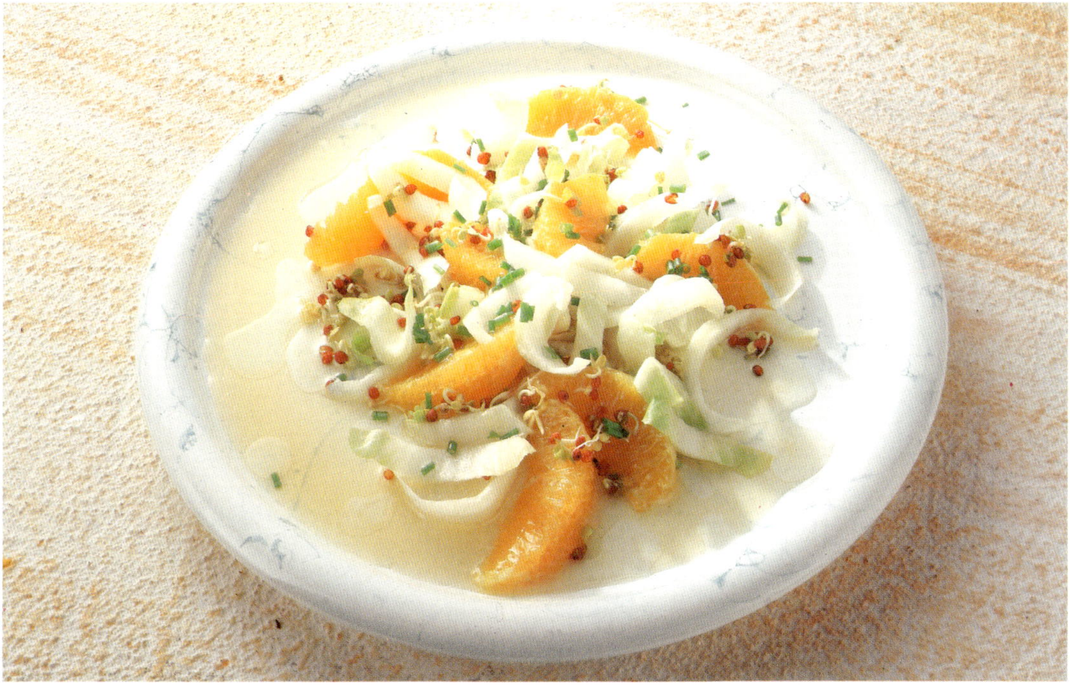

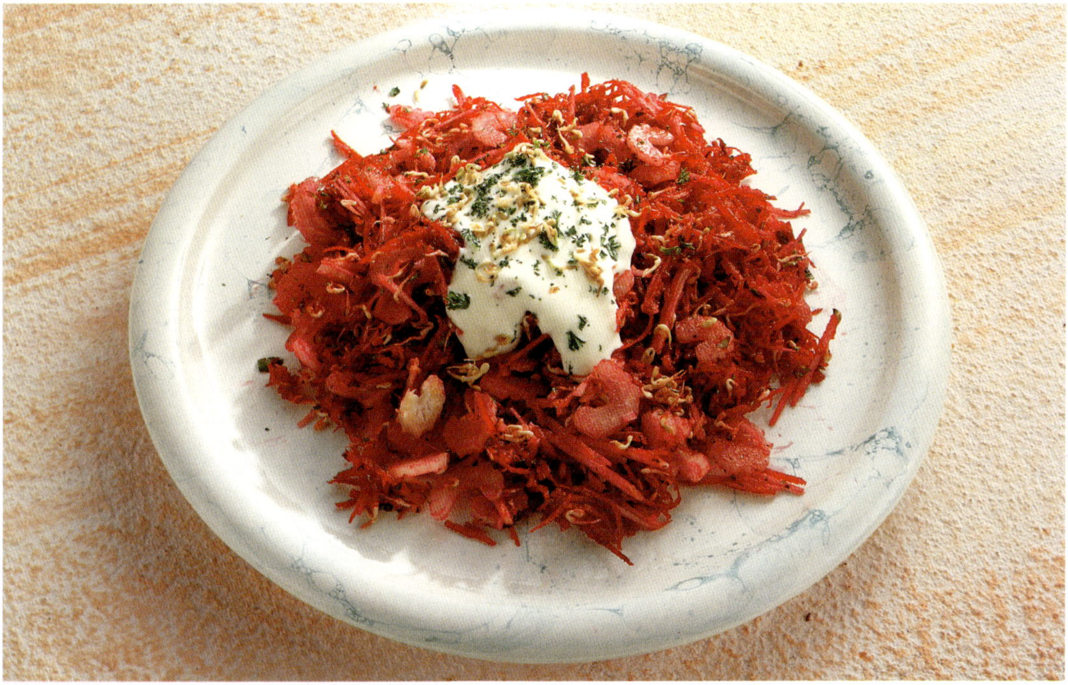

Kartoffelsalat mit Azukibohnen

Damit Kartoffelsalat wirklich aromatisch schmeckt, muß die Gemüsebrühe sehr kräftig sein. Deshalb eignet sich Gemüsebrühe aus Würfeln besser als die milde selbstgekochte.

Zutaten für 4 Personen:
700 g festkochende Kartoffeln
100 g Rettichsprossen
(etwa 30 g Trockengewicht)
1 Bund Frühlingszwiebeln
150 g Endiviensalat
1/4 l Gemüsebrühe (aus Würfeln)
2 Teel. scharfer Senf
2 Eßl. Kräuteressig
3 Eßl. Sonnenblumenöl
100 g Azukibohnensprossen (etwa 40 g Trockengewicht)
Salz
weißer Pfeffer, frisch gemahlen

Raffiniert
Ohne tierisches Eiweiß

Pro Portion etwa:
1200 kJ/290 kcal
7 g Eiweiß · 16 g Fett
29 g Kohlenhydrate
6 g Ballaststoffe

• Zubereitungszeit: etwa 1 Stunde

1. Die Kartoffeln gründlich waschen, dann in einen Topf geben. Etwas Wasser angießen und die Kartoffeln zugedeckt bei mittlerer Hitze in etwa 30 Minuten weich kochen. Dabei gegebenenfalls noch etwas Wasser angießen.

2. Die Rettichsprossen in einem Sieb kalt abspülen und gründlich abtropfen lassen. Die Frühlingszwiebeln waschen, putzen und mit dem zarten Grün in feine Ringe schneiden. Den Endiviensalat waschen, gut abtropfen lassen oder trockenschleudern und in schmale Streifen schneiden.

3. Die Gemüsebrühe erhitzen. Die Azukibohnensprossen darin etwa 3 Minuten bei mittlerer Hitze kochen lassen. Dann den Senf, die Frühlingszwiebeln und den Essig untermischen. Das Öl unterrühren. Die Gemüsebrühe mit Salz und Pfeffer pikant abschmecken.

4. Die gegarten Kartoffeln kalt abschrecken und etwas ausdämpfen lassen. Die Kartoffeln dann schälen und in dünne Scheiben schneiden.

5. Die Kartoffeln mit der Sprossenmarinade in einer großen Schüssel vorsichtig mischen und etwa 15 Minuten ziehen lassen.

6. Die Rettichsprossen, die Frühlingszwiebeln und den Endiviensalat unter den mit der Sprossenmarinade vermischten Kartoffelsalat heben und den Salat servieren.

Tip!

Damit der Kartoffelsalat richtig gelingt und nicht »matschig« wird, sollten Sie in jedem Fall eine festkochende Kartoffelsorte wie »Sieglinde« oder »Hansa« wählen. Auch neue Kartoffeln, die man im Frühling kaufen kann, sind festkochend, haben allerdings oft einen eher wässrigen Geschmack.

Eine vitaminreiche Version des klassischen Kartoffelsalates ist dieser knackige Salat mit Azukibohnen.

Möhrenroh-kost mit Hafer

Diese Rohkost ist ganz schnell zubereitet. Wenn Sie sie einmal etwas abwandeln möchten, können Sie statt Hafersprossen gekeimte Sonnenblumenkerne oder Buchweizensprossen verwenden.

Zutaten für 4 Personen:
500 g junge Möhren
2 Eßl. Zitronensaft
100 g Hafersprossen
(etwa 40 g Trockengewicht)
2 Bund Schnittlauch
1 Eßl. Sahnejoghurt
2 Eßl. Kräuteressig
1 Messerspitze flüssiger Honig
Salz
weißer Pfeffer, frisch gemahlen
1 Prise gemahlener Kreuzkümmel
4 Eßl. Maiskeimöl

Preiswert

Pro Portion etwa:
930 kJ/220 kcal
4 g Eiweiß · 16 g Fett
15 g Kohlenhydrate
6 g Ballaststoffe

- Zubereitungszeit: etwa
  25 Minuten

1. Die Möhren waschen, schälen oder abschaben und auf der Rohkostreibe fein raspeln. Die Möhren in einer Schüssel mit dem Zitronensaft mischen.

2. Die Hafersprossen in einem Sieb kalt abspülen und abtropfen lassen. Den Schnittlauch waschen und in feine Röllchen schneiden. Beides unter die Möhrenraspeln mischen.

3. Den Joghurt mit dem Essig, dem Honig, Salz, Pfeffer und dem Kreuzkümmel verrühren. Das Öl teelöffelweise unterrühren.

4. Das Dressing unter die Möhrenrohkost mischen.

Rettichrohkost mit Kürbiskernen

Sie können diese Rohkost auch nur mit Radieschen zubereiten. Sie brauchen dann je nach Größe 3–4 Bund. Planen Sie in diesem Fall etwas mehr Zeit ein, denn Radieschen lassen sich schlecht raspeln.

Zutaten für 4 Personen:
1 weißer Rettich
1 Bund Radieschen
Salz
50 g Kürbiskernsprossen
(etwa 25 g Trockengewicht)
1 Bund Schnittlauch
2 Eßl. Zitronensaft
1 Messerspitze scharfer Senf
100 g Sahne
1 Prise Zuckerrohrgranulat
weißer Pfeffer, frisch gemahlen
1 Eßl. Sonnenblumenöl

Gelingt leicht

Pro Portion etwa:
770 kJ/180 kcal
5 g Eiweiß · 16 g Fett
4 g Kohlenhydrate
3 g Ballaststoffe

- Zubereitungszeit: etwa
  25 Minuten

1. Den Rettich schälen und auf der Rohkostreibe fein raspeln. Die Radieschen waschen, putzen und in Stifte schneiden. Den Rettich und die Radieschen in einer Schüssel mit Salz mischen und etwa 5 Minuten ziehen lassen.

2. Inzwischen die Kürbiskernsprossen kalt abspülen und abtropfen lassen, dann grob zerkleinern. Den Schnittlauch waschen, trockenschwenken und in feine Röllchen schneiden.

3. In einer Schüssel den Zitronensaft mit dem Senf, der Sahne, dem Granulat und Pfeffer verrühren. Das Öl teelöffelweise unterrühren.

4. Die Flüssigkeit, die sich in der Schüssel mit den Rettich- und Radieschenraspeln gesammelt hat, abgießen. Die Rettich- und Radieschenraspeln mit dem Dressing mischen. Die Rohkost mit den Kürbiskernsprossen und dem Schnittlauch bestreut servieren.

Im Bild oben:
Möhrenrohkost mit Hafer
Im Bild unten:
Rettichrohkost mit Kürbiskernen

Kichererbsen-aufstrich

Dieser Aufstrich ist schnell zubereitet, da die Kichererbsensprossen nur kurz gegart werden müssen. Statt Kichererbsen schmecken auch Azukibohnen oder Linsen sehr gut.

Zutaten für 4 Personen:
250 g Kichererbsensprossen
(etwa 125 g Trockengewicht)
150 ccm Gemüsebrühe
1/2 frische rote Pfefferschote
1 Bund Frühlingszwiebeln
1 Knoblauchzehe
1 Eßl. Kürbiskerne
1 Eßl. Zitronensaft
1 Eßl. Sonnenblumenöl
1 Bund Petersilie
1 Bund Schnittlauch
Salz
weißer Pfeffer, frisch gemahlen

Raffiniert
Ohne tierisches Eiweiß

Pro Portion etwa:
660 kJ/160 kcal
9 g Eiweiß · 5 g Fett
19 g Kohlenhydrate
5 g Ballaststoffe

• Zubereitungszeit: etwa
30 Minuten

1. Die Kichererbsensprossen in einem Sieb kalt abspülen und abtropfen lassen, dann mit der Gemüsebrühe in einem Topf zum Kochen bringen und etwa 3 Minuten garen.

2. Die Pfefferschote putzen, von den Kernen und dem Stielansatz befreien und abspülen. Die Frühlingszwiebeln waschen und mit dem Grün grob zerkleinern. Die Sprossen mit der Garflüssigkeit, der Pfefferschote, den Frühlingszwiebeln, dem Knoblauch und den Kürbiskernen im Mixer pürieren. Den Zitronensaft und das Öl untermischen.

3. Die Kräuter waschen und trockenschwenken. Die Petersilie ohne die groben Stiele fein hacken, den Schnittlauch in feine Röllchen schneiden.

4. Die Kichererbsencreme mit den Kräutern mischen und mit Salz und Pfeffer abschmecken. Die Creme schmeckt besonders gut zu grobem Vollkornbrot.

Auberginen-creme mit Alfalfa

Die zarten Alfalfasprossen schmecken fein und leicht nach Nüssen. Wenn Sie einen kräftigeren Geschmack wünschen, nehmen Sie Radieschensprossen, Kresse und eventuell einige Senfsprossen.

Zutaten für 6 Personen:
2 Auberginen (etwa 600 g)
1 Zwiebel
1 Knoblauchzehe
1 Eßl. Zitronensaft
2 Eßl. Sesamsamen
100 g Joghurt
Salz
1 Prise Cayennepfeffer
1 Prise gemahlener Kreuzkümmel
100 g Alfalfasprossen
(etwa 20 g Trockengewicht)

Braucht etwas Zeit

Pro Portion etwa:
390 kJ/93 kcal
5 g Eiweiß · 5 g Fett
7 g Kohlenhydrate
3 g Ballaststoffe

● Zubereitungszeit: etwa 1 Stunde

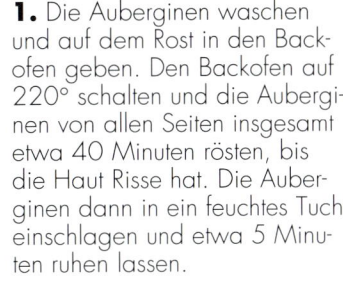

1. Die Auberginen waschen und auf dem Rost in den Backofen geben. Den Backofen auf 220° schalten und die Auberginen von allen Seiten insgesamt etwa 40 Minuten rösten, bis die Haut Risse hat. Die Auberginen dann in ein feuchtes Tuch einschlagen und etwa 5 Minuten ruhen lassen.

2. Die Haut der Auberginen abziehen und das Fruchtfleisch würfeln. Das Auberginenfleisch mit der Zwiebel, dem Knoblauch, dem Zitronensaft und den Sesamsamen im Mixer fein pürieren.

3. Die Masse in eine Schüssel geben und den Joghurt untermischen. Den Aufstrich mit Salz, dem Cayennepfeffer und dem Kreuzkümmel würzen und abschmecken.

4. Die Alfalfasprossen in einem Sieb kalt abspülen und gründlich abtropfen lassen. Den Auberginenaufstrich mit den Sprossen garniert servieren. Er schmeckt auf Vollkornbaguette besonders gut.

Sprossenmüsli mit Beeren

Im Sommer, wenn es frische Beeren gibt, ist dieses Müsli der ideale Start in den Tag. Im Spätsommer und Herbst schmeckt das Müsli mit Äpfeln oder Birnen, im Winter mit Orangen oder Mandarinen.

Zutaten für 4 Personen:
je 75 g Gersten- und
Weizensprossen
(je etwa 30 g Trockengewicht)
500 g gemischte Beeren
(zum Beispiel Brombeeren,
Himbeeren und Stachelbeeren)
150 g Joghurt
100 ccm Milch
eventuell 1 Eßl. Zuckerrohrgranulat
1/2 Teel. gemahlene Vanille
50 g Hafer-Vollkornflocken

Gelingt leicht

Pro Portion etwa:
800 kJ/190 kcal
7 g Eiweiß · 5 g Fett
30 g Kohlenhydrate
7 g Ballaststoffe

• Zubereitungszeit: etwa
30 Minuten

1. Die Sprossen in einem Sieb kalt abspülen und gründlich abtropfen lassen. Die Beeren verlesen, eventuell vorsichtig kalt abspülen und abtropfen lassen oder trockentupfen. Die Beeren mit den Sprossen in einer Schüssel mischen.

2. Den Joghurt mit der Milch, eventuell dem Granulat (je nach Süße der Beeren) sowie der Vanille verrühren. Die Jo-

ghurtcreme mit der Sprossenmischung vermengen und in vier Portionsschälchen verteilen.

3. Die Haferflocken in einer trockenen Pfanne bei mittlerer Hitze unter Rühren rösten, bis sie würzig duften. Das Müsli mit den Flocken bestreut servieren.

Erdbeer-Kiwi-Salat mit Sprossen

Dieser Obstsalat schmeckt gut als Dessert, aber auch zum Frühstück. Statt Roggensprossen können Sie beliebige andere Getreidesprossen oder auch Leinsamensprossen verwenden.

Zutaten für 4 Personen:
3 Kiwis
400 g Erdbeeren
1 Eßl. Zitronensaft
1 Eßl. Ahornsirup
100 g Roggensprossen (etwa 40 g
Trockengewicht)
1 Eßl. ungesalzene Pistazienkerne

Schnell
Ohne tierisches Eiweiß

Pro Portion etwa:
600 kJ/140 kcal
3 g Eiweiß · 4 g Fett
24 g Kohlenhydrate
5 g Ballaststoffe

• Zubereitungszeit: etwa
15 Minuten

1. Die Kiwis schälen, längs halbieren und in feine Scheiben schneiden. Die Erdbeeren wa-

schen, trockentupfen, putzen und je nach Größe halbieren oder vierteln. Die Früchte mit dem Zitronensaft und dem Ahornsirup in einer Schüssel mischen.

2. Die Roggensprossen in einem Sieb kalt abspülen und gründlich abtropfen lassen. Die Pistazienkerne fein hacken.

3. Die Roggensprossen unter den Fruchtsalat mischen. Den Salat in kleine Schälchen füllen, die Pistazien darüber streuen.

Im Bild oben:
Sprossenmüsli mit Beeren
Im Bild unten:
Erdbeer-Kiwi-Salat mit Sprossen

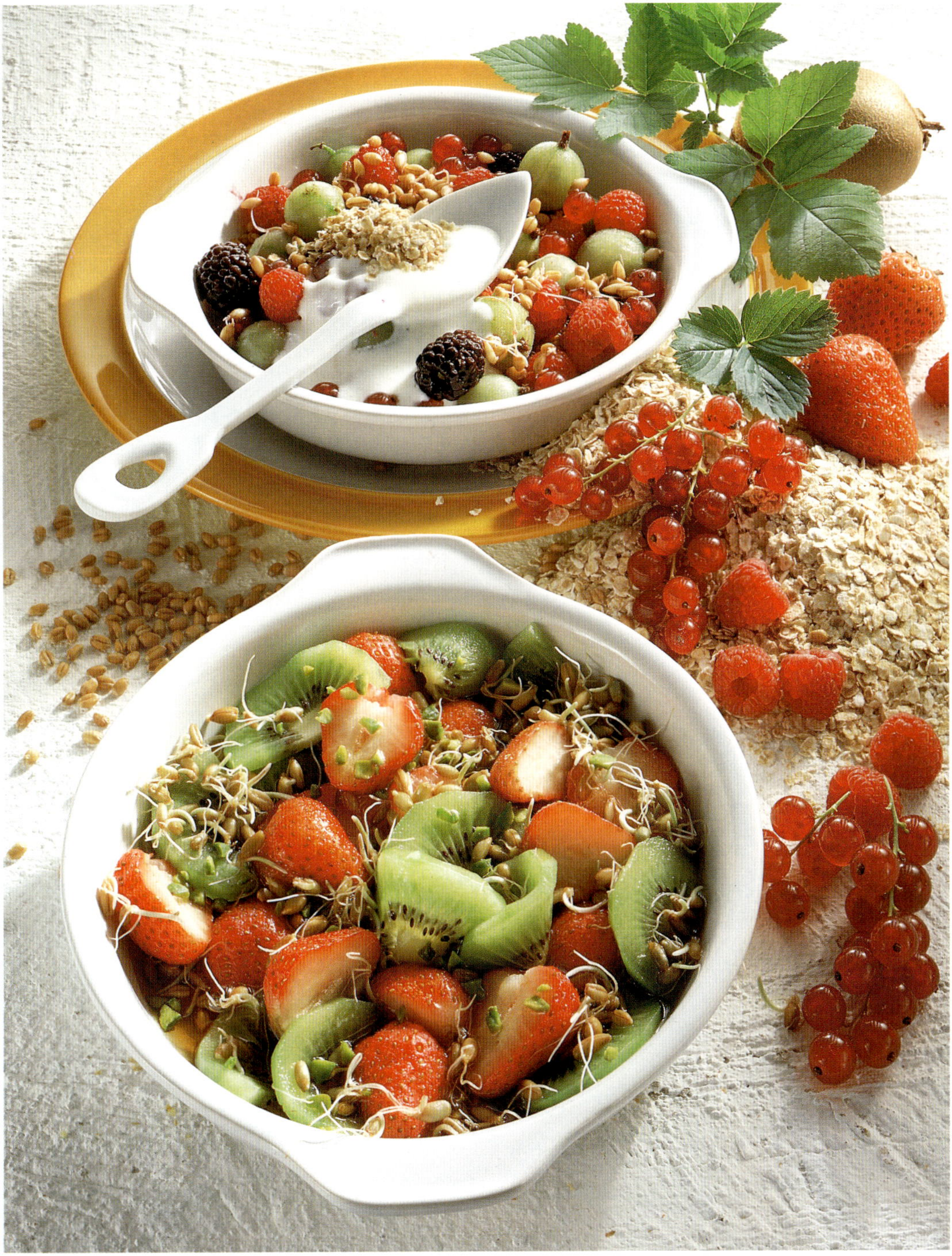

Aprikosen mit Sprossen

Zutaten für 4 Personen:
500 g Aprikosen
1 Eßl. Zitronensaft
100 g gekeimte Sonnenblumenkerne
(etwa 50 g Trockengewicht)
150 g Joghurt
100 g Mascarpone
1 Eßl. Zuckerrohrgranulat
1 Teel. Zimtpulver

Schnell

Pro Portion etwa:
1100 kJ/260 kcal
7 g Eiweiß · 16 g Fett
22 g Kohlenhydrate
3 g Ballaststoffe

• Zubereitungszeit: etwa
 20 Minuten

1. Die Aprikosen waschen, von den Steinen befreien und in kleine Stücke schneiden, dann mit dem Zitronensaft mischen.

2. Die gekeimten Sonnenblumenkerne in einem Sieb kalt abspülen und gründlich abtropfen lassen. Dann mit den Aprikosen in Dessertschälchen verteilen.

3. Den Joghurt mit dem Mascarpone und dem Granulat mit einem Schneebesen verrühren. Den Zimt untermischen und die Creme auf der Aprikosenmischung verteilen.

Pfirsichmüsli mit Leinsamen

Wenn Sie die rauhe Haut von Pfirsichen nicht so gerne mögen und das Häuten Ihnen zuviel Arbeit macht, nehmen Sie einfach Nektarinen oder auch Zwetschgen.

Zutaten für 2 Personen:
75 g Leinsamensprossen
(etwa 30 g Trockengewicht)
3 Pfirsiche
100 g Dickmilch
1 Teel. Zitronensaft
1 Teel. Butter
1/2 Eßl. Honig
40 g Roggenflocken

Gelingt leicht

Pro Portion etwa:
1200 kJ/290 kcal
9 g Eiweiß · 13 g Fett
37 g Kohlenhydrate
4 g Ballaststoffe

• Zubereitungszeit: etwa
 30 Minuten

1. Die Sprossen in einem Sieb kalt abspülen und gründlich abtropfen lassen. Die Pfirsiche häuten oder waschen. Dann das Fruchtfleisch in dünnen Schnitzen von den Steinen schneiden.

2. Die Dickmilch mit dem Zitronensaft verrühren, dann mit der Sprossen-Pfirsichmischung vermengen und in Schälchen geben.

3. Die Butter mit dem Honig in einer kleinen Pfanne erhitzen, bis die Butter geschmolzen ist. Die Flocken dazugeben und unter Rühren bei mittlerer Hitze etwa 5 Minuten braten. Das Müsli mit den Flocken bestreut servieren.

Tip!

Von reifen Pfirsichen läßt sich die Haut ganz leicht abziehen. Wenn die Früchte noch nicht ganz reif sind, müssen Sie sie wie Tomaten vor dem Häuten kurz mit kochendem Wasser überbrühen.

Im Bild oben:
Aprikosen mit Sprossen
Im Bild unten:
Pfirsichmüsli mit Leinsamen

Rote-Bete-Suppe mit Gerstensprossen

Zutaten für 2 Personen:
200 g junge rote Bete
1 dünne Stange Lauch
1 Eßl. Butter
1/2 l Gemüsebrühe
30 g gemischte Kräuter (zum Beispiel
Majoran, Bohnenkraut, Petersilie und
Schnittlauch)
150 g saure Sahne
75 g Gerstensprossen
(etwa 30 g Trockengewicht)
Salz
schwarzer Pfeffer, frisch gemahlen
1 Prise gemahlener Koriander

Preiswert

Pro Portion etwa:
1200 kJ/290 kcal
9 g Eiweiß · 18 g Fett
24 g Kohlenhydrate
6 g Ballaststoffe

- Zubereitungszeit: etwa
  30 Minuten

1. Die roten Beten schälen und in feine Stifte schneiden. Den Lauch waschen, putzen und in feine Ringe schneiden.

2. Die Butter in einem Topf erhitzen. Das Gemüse darin unter Rühren andünsten. Die Gemüsebrühe angießen und zum Kochen bringen. Die Suppe zugedeckt bei mittlerer Hitze etwa 5 Minuten garen, bis die roten Beten bißfest sind.

3. Inzwischen die Kräuter waschen, trockenschwenken und ohne die groben Stiele fein schneiden. Die Kräuter mit der sauren Sahne mischen. Die Sprossen in einem Sieb kalt abspülen und abtropfen lassen.

4. Die Suppe mit Salz, Pfeffer und dem Koriander abschmekken. Die Sprossen untermischen und die Suppe in Teller geben. Die Kräutersahne darauf verteilen.

Kartoffelsuppe mit Leinsamen

Zutaten für 4 Personen:
500 g mehligkochende Kartoffeln
1 Möhre
1 Petersilienwurzel
1 Stange Lauch
1 Zwiebel
1 Knoblauchzehe
1 Eßl. Olivenöl, kaltgepreßt
1 l Gemüsebrühe
200 g Spinat
150 g Crème fraîche
Salz
weißer Pfeffer, frisch gemahlen
Cayennepfeffer
100 g Leinsamensprossen
(etwa 40 g Trockengewicht)

Gelingt leicht

Pro Portion etwa:
1600 kJ/380 kcal
11 g Eiweiß · 24 g Fett
29 g Kohlenhydrate
9 g Ballaststoffe

- Zubereitungszeit: etwa
  40 Minuten

1. Die Kartoffeln, die Möhre und die Petersilienwurzel schälen, waschen und klein würfeln. Den Lauch putzen, gründlich waschen und in feine Ringe schneiden. Die Zwiebel und den Knoblauch fein hacken.

2. Das Öl in einem Suppentopf erhitzen. Die Zwiebel und den Knoblauch darin glasig dünsten. Die Kartoffeln und das Gemüse dazugeben und kurz anbraten.

3. Die Gemüsebrühe angießen. Die Suppe zugedeckt bei mittlerer Hitze etwa 20 Minuten garen, bis die Kartoffeln weich sind.

4. Inzwischen den Spinat verlesen, gründlich waschen und abtropfen lassen. Dann in Streifen schneiden.

5. Die Suppe mit dem Pürierstab pürieren. Die Crème fraîche und den Spinat untermischen. Die Suppe mit Salz, Pfeffer und Cayennepfeffer pikant abschmecken, dann zugedeckt noch einmal etwa 3 Minuten garen, bis der Spinat zusammengefallen ist.

6. Inzwischen die Sprossen in einem Sieb kalt abspülen und gründlich abtropfen lassen.

7. Die Suppe in Suppenteller verteilen und mit den Sprossen bestreut servieren.

Im Bild oben:
Kartoffelsuppe mit Leinsamen
Im Bild unten:
Rote-Bete-Suppe mit Gerstensprossen

Spargelsuppe mit Käseklößchen

Zutaten für 4 Personen:

30 g Butter

30 g Parmesan, frisch gerieben

1 Ei

80 g Weizenvollkornmehl

Salz

weißer Pfeffer, frisch gemahlen

500 g Spargelspitzen

1 l Gemüsebrühe

100 g Buchweizensprossen

(etwa 40 g Trockengewicht)

1 Bund Schnittlauch

Raffiniert

Pro Portion etwa:
980 kJ/230 kcal
12 g Eiweiß · 12 g Fett
22 g Kohlenhydrate
5 g Ballaststoffe

- Zubereitungszeit: etwa 40 Minuten

1. Für die Klößchen die Butter mit dem Parmesan in einer Rührschüssel schaumig rühren. Das Ei und das Mehl untermischen und den Teig mit Salz und Pfeffer abschmecken.

2. Die Spargelspitzen waschen und eventuell dünn schälen.

3. Die Gemüsebrühe in einem großen Topf zum Kochen bringen. Die Spargelspitzen hinzufügen und etwa 3 Minuten zugedeckt kochen lassen.

4. Dann von der Käsemasse mit zwei Teelöffeln Klößchen abstechen und in die Brühe ge-

ben. Alles bei schwacher Hitze zugedeckt etwa 10 Minuten garen, bis die Spargelspitzen bißfest sind.

5. Inzwischen die Sprossen in einem Sieb kalt abspülen und gründlich abtropfen lassen. Den Schnittlauch waschen und in feine Röllchen schneiden.

6. Die Suppe in vorgewärmte Teller verteilen und mit den Sprossen und dem Schnittlauch bestreut servieren.

Zucker- schotensuppe mit Alfalfa

Zutaten für 2 Personen:

300 g Zuckerschoten

100 g Champignons

1 Eßl. Zitronensaft

1 Eßl. Butter

1/2 l Gemüsebrühe

1 Handvoll frischer Kerbel

50 g Alfalfasprossen

(etwa 10 g Trockengewicht)

Salz

weißer Pfeffer, frisch gemahlen

1 Prise Muskatnuß, frisch gerieben

50 g Crème fraîche

Raffiniert

Pro Portion etwa:
1200 kJ/ 290 kcal
13 g Eiweiß · 16 g Fett
18 g Kohlenhydrate
9 g Ballaststoffe

- Zubereitungszeit: etwa 30 Minuten

1. Die Zuckerschoten putzen und waschen, dann je nach Größe halbieren oder ganz lassen. Die Pilze putzen und eventuell kurz kalt abspülen, dann in feine Scheiben schneiden. Die Pilze mit dem Zitronensaft mischen, damit sie sich nicht zu stark verfärben.

2. Die Butter in einem größeren Topf erhitzen. Die Pilze darin unter Rühren anbraten, bis sie leicht gebräunt sind.

3. Die Zuckerschoten und die Gemüsebrühe untermischen. Die Brühe zum Kochen bringen und die Suppe zugedeckt bei mittlerer Hitze etwa 7 Minuten garen, bis die Schoten bißfest sind.

4. Inzwischen den Kerbel verlesen, waschen und fein zerkleinern. Die Sprossen in einem Sieb kalt abspülen und gründlich abtropfen lassen.

5. Die Suppe mit Salz, Pfeffer und der Muskatnuß abschmekken, die Crème fraîche und den Kerbel untermischen.

6. Die Suppe in vorgewärmte Teller verteilen und mit den Alfalfasprossen bestreut servieren.

Im Bild oben:
Spargelsuppe mit Käseklößchen
Im Bild unten:
Zuckerschotensuppe mit Alfalfa

Curry-Gemüse-Suppe

Diese würzige Gemüsesuppe bekommt durch die Pfefferschote eine feurige Schärfe. Wenn Sie nicht so gerne scharf essen, nehmen Sie nur 1/2 Pfefferschote oder würzen die Suppe statt dessen mit Cayennepfeffer. Außerdem können Sie das Gemüse nach Ihren persönlichen Vorlieben und danach, was in der Jahreszeit gerade angeboten wird, variieren.

Zutaten für 6 Personen:

400 g Kartoffeln

100 g Möhren

1 Petersilienwurzel

250 g Tomaten

200 g grüne Bohnen

1 Bund Frühlingszwiebeln

1 Fenchelknolle

1 Stück frische Ingwerwurzel

(etwa 1 cm lang)

1 frische rote Pfefferschote

1 Zwiebel

1 Knoblauchzehe

je 1/2 Eßl. Gelbwurz

und Kreuzkümmel

1 Teel. gemahlener Koriander

je 1 kräftige Prise Zimtpulver,

Senfpulver und gemahlene

Gewürznelken

Salz

2 Eßl. Soja- oder Distelöl

1 1/2 l Gemüsebrühe

100 g Linsensprossen

(etwa 25 g Trockengewicht)

50 g Bockshornkleesprossen

(etwa 20 g Trockengewicht)

1 Bund Petersilie

Ohne tierisches Eiweiß
Raffiniert

Pro Portion etwa:
840 kJ/200 kcal
7 g Eiweiß · 8 g Fett
23 g Kohlenhydrate
8 g Ballaststoffe

• Zubereitungszeit: etwa 1 Stunde

1. Die Kartoffeln, die Möhren und die Petersilienwurzel schälen, waschen und in Würfel schneiden. Die Tomaten mit kochendem Wasser überbrühen, kurz darin ziehen lassen, kalt abschrecken und häuten. Die Tomaten würfeln, dabei die Stielansätze entfernen. Die Bohnen putzen, waschen und halbieren oder dritteln. Die Frühlingszwiebeln waschen, putzen und mit dem zarten Grün in feine Ringe schneiden. Den Fenchel waschen, putzen, vom Strunk befreien und in feine Streifen schneiden. Das zarte Fenchelgrün beiseite legen.

2. Den Ingwer schälen und klein würfeln. Die Pfefferschote waschen und längs halbieren. Alle Kerne entfernen. Die Hälften noch einmal kalt abspülen. Die Zwiebel und den Knoblauch fein hacken.

3. Die Gewürze in einem Schälchen mischen.

4. Das Öl in einem großen Topf erhitzen. Die Zwiebel, den Knoblauch, die Pfefferschotenhälften und den Ingwer darin glasig dünsten. Die Kartoffeln, die Möhren, die Petersilienwurzel, die Bohnen und die Gewürzmischung dazugeben und kurz anbraten.

5. Die Gemüsebrühe angießen und zum Kochen bringen. Die Suppe etwa 20 Minuten zugedeckt bei mittlerer Hitze garen. Dann die Tomaten, die Frühlingszwiebeln und den Fenchel dazugeben und alles weitere 10 Minuten garen, bis alle Gemüsesorten bißfest sind.

6. Inzwischen die Sprossen getrennt in einem Sieb waschen und gründlich abtropfen lassen.

7. Die Linsensprossen in die Suppe mischen und etwa 3 Minuten mitgaren.

8. Die Petersilie und das Fenchelgrün waschen, trockenschwenken und ohne die groben Stiele fein hacken.

9. Die Pfefferschotenhälften aus der Suppe entfernen. Die Suppe eventuell noch etwas nachwürzen, dann in vorgewärmte Suppenteller verteilen und mit der Petersilie, dem Fenchelgrün und den Bockshornkleesprossen bestreut servieren.

Eintopf mit Gemüsen quer durch den Garten und vielen Gewürzen delikat verfeinert ist einen Versuch wert.

Fenchel-Toma-ten-Suppe

Zutaten für 3 Personen:
1 Fenchelknolle
500 g Tomaten
200 g Erbsensprossen
(etwa 100 g Trockengewicht)
1 Zwiebel
1 Knoblauchzehe
1 Eßl. Olivenöl, kaltgepreßt
600 ccm Gemüsebrühe
Salz
weißer Pfeffer, frisch gemahlen
Paprikapulver, edelsüß
1 Bund Schnittlauch
1 Bund Basilikum
2 Eßl. Crème fraîche

Gelingt leicht

Pro Portion etwa:
910 kJ/220 kcal
8 g Eiweiß · 12 g Fett
18 g Kohlenhydrate
10 g Ballaststoffe

- Zubereitungszeit: etwa
  35 Minuten

1. Den Fenchel waschen, putzen, vom Strunk befreien und in feine Streifen schneiden. Das Fenchelgrün waschen und beiseite legen. Die Tomaten kochendheiß überbrühen, kurz ziehen lassen, kalt abschrecken und häuten. Die Tomaten in kleine Würfel schneiden, dabei die Stielansätze entfernen. Die Erbsensprossen in einem Sieb kalt abspülen und abtropfen lassen. Die Zwiebel und den Knoblauch fein hacken.

2. Das Öl in einem Topf erhitzen. Die Zwiebel und den

Knoblauch darin glasig dünsten. Den Fenchel hinzufügen und kurz anbraten. Die Tomaten und die Gemüsebrühe dazugeben und alles zum Kochen bringen. Die Suppe zugedeckt bei mittlerer Hitze etwa 5 Minuten garen.

3. Die Erbsensprossen in die Suppe rühren, alles mit Salz, Pfeffer und Paprikapulver abschmecken und zugedeckt weitere 3 Minuten garen.

4. Inzwischen den Schnittlauch und das Basilikum waschen und trockenschwenken, dann mit dem Fenchelgrün fein zerkleinern.

5. Die Crème fraîche in die Suppe rühren. Die Suppe in Teller verteilen und mit den Kräutern bestreut servieren.

Gurkensuppe mit Mungobohnen

Zutaten für 4 Personen:
1 kg Schmorgurken
1 Zwiebel
1 Knoblauchzehe
1 Eßl. Butter
1/2 l Gemüsebrühe
Salz
weißer Pfeffer, frisch gemahlen
150 g Mungobohnensprossen
(etwa 45 g Trockengewicht)
1 kleine rote Paprikaschote
2 Bund Dill
100 g Sahne

Gelingt leicht

Pro Portion etwa:
890 kJ/210 kcal
7 g Eiweiß · 13 g Fett
15 g Kohlenhydrate
6 g Ballaststoffe

- Zubereitungszeit: etwa
  30 Minuten

1. Die Gurken schälen und der Länge nach halbieren. Die Kerne mit einem Teelöffel herauskratzen, die Gurken würfeln. Die Zwiebel und den Knoblauch fein hacken.

2. Die Butter in einem Topf erhitzen. Die Zwiebel und den Knoblauch darin glasig dünsten. Die Gurken und die Gemüsebrühe dazugeben. Alles mit Salz und Pfeffer würzen, zum Kochen bringen, dann zugedeckt bei mittlerer Hitze etwa 10 Minuten garen.

3. Die Mungobohnen in einem Sieb kalt abspülen und abtropfen lassen. Die Paprikaschote waschen, putzen und klein würfeln. Den Dill waschen, trockenschwenken und ohne die groben Stiele fein hacken.

4. Die Mungobohnen und die Sahne unter die Suppe mischen und weitere 3 Minuten garen.

5. Die Suppe in vorgewärmte Teller verteilen und mit den Paprikawürfeln und dem Dill bestreut servieren.

Im Bild oben:
Fenchel-Tomaten-Suppe
Im Bild unten:
Gurkensuppe mit Mungobohnen

Nudeln mit Alfalfa-Zitronen-Sauce

Zutaten für 4 Personen:
1 Bund Frühlingszwiebeln
1 Knoblauchzehe
1 Möhre
150 g Alfalfasprossen
(etwa 30 g Trockengewicht)
400 g Vollkorn-Bandnudeln
Salz
1 Eßl. Butter
200 g Crème fraîche
Saft von 1 kleinen Zitrone
weißer Pfeffer, frisch gemahlen
1 Bund Petersilie

Gelingt leicht

Pro Portion etwa:
2500 kJ/600 kcal
19 g Eiweiß · 28 g Fett
71 g Kohlenhydrate
10 g Ballaststoffe

● Zubereitungszeit: etwa
30 Minuten

1. Die Frühlingszwiebeln waschen und in Ringe schneiden. Den Knoblauch fein hacken. Die Möhre schälen und fein raspeln. Die Sprossen kalt abspülen und abtropfen lassen.

2. Die Nudeln in reichlich Salzwasser nach Packungsanleitung al dente (bißfest) garen.

3. Die Butter in einem Topf erhitzen. Die Frühlingszwiebeln, den Knoblauch und die Möhre darin glasig dünsten. Die Crème fraîche und den Zitronensaft untermischen und

alles bei mittlerer Hitze cremig einkochen lassen. Die Sauce mit Salz und Pfeffer abschmecken.

4. Die Petersilie waschen und ohne die Stiele fein hacken.

5. Die Nudeln abtropfen lassen, dann mit der Zitronensauce, den Alfalfasprossen und der Petersilie mischen.

Nudeln mit Linsensprossen

Zutaten für 4 Personen:
300 g grüner Spargel
Salz
1 Zwiebel
1 Knoblauchzehe
400 g beliebige Vollkornnudeln
1 Eßl. Olivenöl, kaltgepreßt
150 g Linsensprossen
(etwa 40 g Trockengewicht)
1 Handvoll frischer Kerbel
100 g Crème fraîche
weißer Pfeffer, frisch gemahlen
1 Prise Cayennepfeffer

Raffiniert

Pro Portion etwa:
2200 kJ/520 kcal
20 g Eiweiß · 17 g Fett
74 g Kohlenhydrate
12 g Ballaststoffe

● Zubereitungszeit: etwa
40 Minuten

1. Den Spargel waschen, putzen und nur am unteren Ende dünn schälen. Dann in Stücke schneiden.

2. Den Spargel in wenig kochendem Salzwasser etwa 5 Minuten garen, herausnehmen und abtropfen lassen. Von dem Kochwasser etwa 100 ccm abmessen.

3. Die Zwiebel und den Knoblauch fein hacken.

4. Die Nudeln in Salzwasser nach Packungsanleitung al dente (bißfest) garen.

5. Inzwischen das Öl in einem Topf erhitzen. Die Zwiebel und den Knoblauch darin glasig dünsten.

6. Die Sprossen kalt abspülen, abtropfen lassen und zu der Zwiebel und dem Knoblauch geben. Die Sprossen kurz andünsten, dann das Spargelkochwasser angießen. Die Linsen zugedeckt bei mittlerer Hitze etwa 3 Minuten garen.

7. Den Kerbel verlesen, waschen und fein hacken.

8. Die Crème fraîche und den Spargel unter die Linsensprossen mischen, mit Salz, Pfeffer und dem Cayennepfeffer abschmecken und heiß werden lassen.

9. Die Nudeln abtropfen lassen und mit dem Linsenragout mischen. Mit dem Kerbel bestreut servieren.

Im Bild oben:
Nudeln mit Linsensprossen
Im Bild unten:
Nudeln mit Alfalfa-Zitronen-Sauce

Ananascurry mit Kicher- erbsensprossen

Zutaten für 4 Personen:

1 Ananas (etwa 1200 g)
1 frische grüne Pfefferschote
1 unbehandelte Zitrone
1 Teel. Bockshornkleesamen
1 Teel. Kurkuma
1/2 Teel. gemahlener Kreuzkümmel
1/2 Teel. gemahlener Koriander
1/4 Teel. Zimtpulver
Salz
1 Eßl. Sonnenblumenöl
1 Bund Frühlingszwiebeln
200 g Kichererbsensprossen
(etwa 100 g Trockengewicht)
1 Bund Schnittlauch
50 g Kressesprossen
(etwa 10 g Trockengewicht)
250 g saure Sahne

Raffiniert • Schnell

Pro Portion etwa:
1600 kJ/380 kcal
9 g Eiweiß · 12 g Fett
21 g Kohlenhydrate
10 g Ballaststoffe

• Zubereitungszeit: etwa
   30 Minuten

1. Die Ananas in Scheiben schneiden. Die Scheiben schälen, dabei auch die »Augen« gründlich herauslösen.
Die Ananas in mundgerechte Stücke schneiden. Den härteren Strunk in der Mitte dabei mitverwenden.

2. Die Pfefferschote vom Stielansatz befreien und längs halbieren. Die Kerne gründlich entfernen und die Schotenhälften kalt abspülen. Dann in Streifen schneiden. Die Zitrone heiß waschen und ein Stück Schale abschneiden. Die Schale fein hacken. Die Zitrone dann auspressen.

3. Alle Gewürze mit Salz in einem kleinen Schälchen mischen.

4. Das Öl in einem größeren Topf erhitzen. Die Gewürze und die Pfefferschote darin unter Rühren anrösten. Die Ananas, die Zitronenschale und den -saft dazugeben und alles bei mittlerer Hitze zugedeckt etwa 10 Minuten schmoren.

5. Inzwischen die Frühlingszwiebeln putzen, gründlich waschen und mit dem zarten Grün
in feine Ringe schneiden. Die
Kichererbsensprossen in einem
Sieb kalt abspülen und gründlich abtropfen lassen.

6. Den Schnittlauch waschen
und in feine Röllchen schneiden. Die Kressesprossen in einem Sieb kalt abspülen und abtropfen lassen. Die saure Sahne
mit einem Schneebesen cremig
schlagen, dann mit dem Schnittlauch und der Kresse mischen
und mit Salz würzen.

7. Die Kichererbsensprossen
und die Frühlingszwiebeln unter
das Ananascurry mischen und
alles zugedeckt weitere
3 Minuten garen.

8. Das Ananascurry eventuell
noch etwas nachwürzen, dann
in einer vorgewärmten Schüssel
servieren. Die saure Sahne getrennt dazu reichen. Dazu paßt
außerdem Fladenbrot oder
Vollkornbaguette.

Tip!

Pfefferschoten, auch Pepe-
roncini oder Gewürzpapri-
ka genannt, sind wohl die
schärfsten Früchte. Die
Schärfe bekommen die
Schoten durch Capsaicin,
das vor allem in den Sa-
men (Kernen) sitzt. Deshalb
sollten Sie die Kerne auch
immer gründlich entfernen,
die Gerichte werden sonst
für den europäischen Gau-
men nahezu ungenießbar.
Um festzustellen, ob die
Schoten sehr oder weniger
scharf sind, gibt es eine
Faustregel: Je kleiner die
Schoten, desto schärfer
sind sie. Allerdings gibt es
auch von dieser Regel Ab-
weichungen. Ich hatte
kürzlich einmal eine sehr
große Pfefferschote, die
ausgesprochen scharf war.
Wenn Sie also empfind-
lich auf Scharfes reagieren,
in jedem Fall vorsichtig
dosieren!

Gorgonzola-risotto mit Azukibohnen

Zutaten für 2–3 Personen:
1 Zwiebel
1 Knoblauchzehe
1 Eßl. Sonnenblumenöl
200 g Vollkorn-Rundkornreis
(Reformhaus)
etwa 350 ccm Gemüsebrühe
150 g Gorgonzola
150 g Champignons
1 Eßl. Zitronensaft
100 g Azukibohnensprossen
(etwa 40 g Trockengewicht)
100 g Sahne
1 Eßl. Butter
1 Bund Petersilie
Salz
weißer Pfeffer, frisch gemahlen

Gelingt leicht

Bei 3 Personen pro Portion etwa:
2400 kJ/570 kcal
19 g Eiweiß · 29 g Fett
55 g Kohlenhydrate
5 g Ballaststoffe

• Zubereitungszeit: etwa 1 Stunde

1. Die Zwiebel und den Knoblauch fein hacken. Das Öl in einem Topf erhitzen. Die Zwiebel und den Knoblauch darin glasig dünsten. Den Reis dazugeben und kurz andünsten. Die Hälfte der Brühe angießen. Den Reis zugedeckt bei schwacher Hitze etwa 40 Minuten garen. Dabei immer wieder durchrühren und etwas Gemüsebrühe angießen.

2. Inzwischen den Gorgonzola würfeln. Die Pilze putzen, in Scheiben schneiden und mit dem Zitronensaft mischen. Die Sprossen kalt abspülen und abtropfen lassen.

3. Den Gorgonzola mit der Sahne unter den Reis mischen. Alles weitere 10 Minuten garen, bis der Reis weich ist.

4. Inzwischen in einer Pfanne die Butter erhitzen. Die Pilze darin bei mittlerer Hitze braun braten. Dann mit den Azukibohnen unter den Reis mischen und alles noch einmal etwa 3 Minuten garen.

5. Die Petersilie waschen und ohne die groben Stiele fein hacken. Den Risotto mit Salz und Pfeffer abschmecken, mit der Petersilie bestreut servieren.

Hirse mit Tomaten und Mungobohnen

Zutaten für 3 Personen:
1 Zwiebel
1 Knoblauchzehe
200 g Hirse
400 g Tomaten
1 Eßl. Sonnenblumenöl
etwa 1/4 l Gemüsebrühe
150 g Mungobohnensprossen
(etwa 45 g Trockengewicht)
1 Bund Petersilie
50 g Sesamsprossen
(etwa 25 g Trockengewicht)
Salz
weißer Pfeffer, frisch gemahlen
3 Eßl. Crème fraîche

Gelingt leicht

Pro Portion etwa:
2100 kJ/500 kcal
16 g Eiweiß · 21 g Fett
63 g Kohlenhydrate
11 g Ballaststoffe

• Zubereitungszeit: etwa 1 Stunde

1. Die Zwiebel und den Knoblauch fein hacken. Die Hirse kalt abspülen und abtropfen lassen. Die Tomaten häuten und klein würfeln.

2. Das Öl erhitzen. Die Zwiebel und den Knoblauch darin glasig dünsten. Die Hirse dazugeben und unter Rühren kurz anbraten.

3. Die Gemüsebrühe angießen und zum Kochen bringen. Die Hirse zugedeckt bei schwacher Hitze etwa 30 Minuten garen. Dabei nach der Hälfte der Zeit die Tomaten untermischen.

4. Inzwischen die Mungobohnensprossen kalt abspülen und abtropfen lassen. Die Petersilie waschen und fein hacken. Die Sesamsprossen kalt abspülen und abtropfen lassen.

5. Die Hirse mit Salz und Pfeffer abschmecken. Die Mungobohnensprossen und die Crème fraîche untermischen und alles zugedeckt noch einmal etwa 3 Minuten garen.

6. Die Hirse mit der Petersilie und den Sesamsprossen bestreut servieren.

Im Bild oben:
Gorgonzolarisotto mit Azukibohnen
Im Bild unten:
Hirse mit Tomaten und Mungobohnen

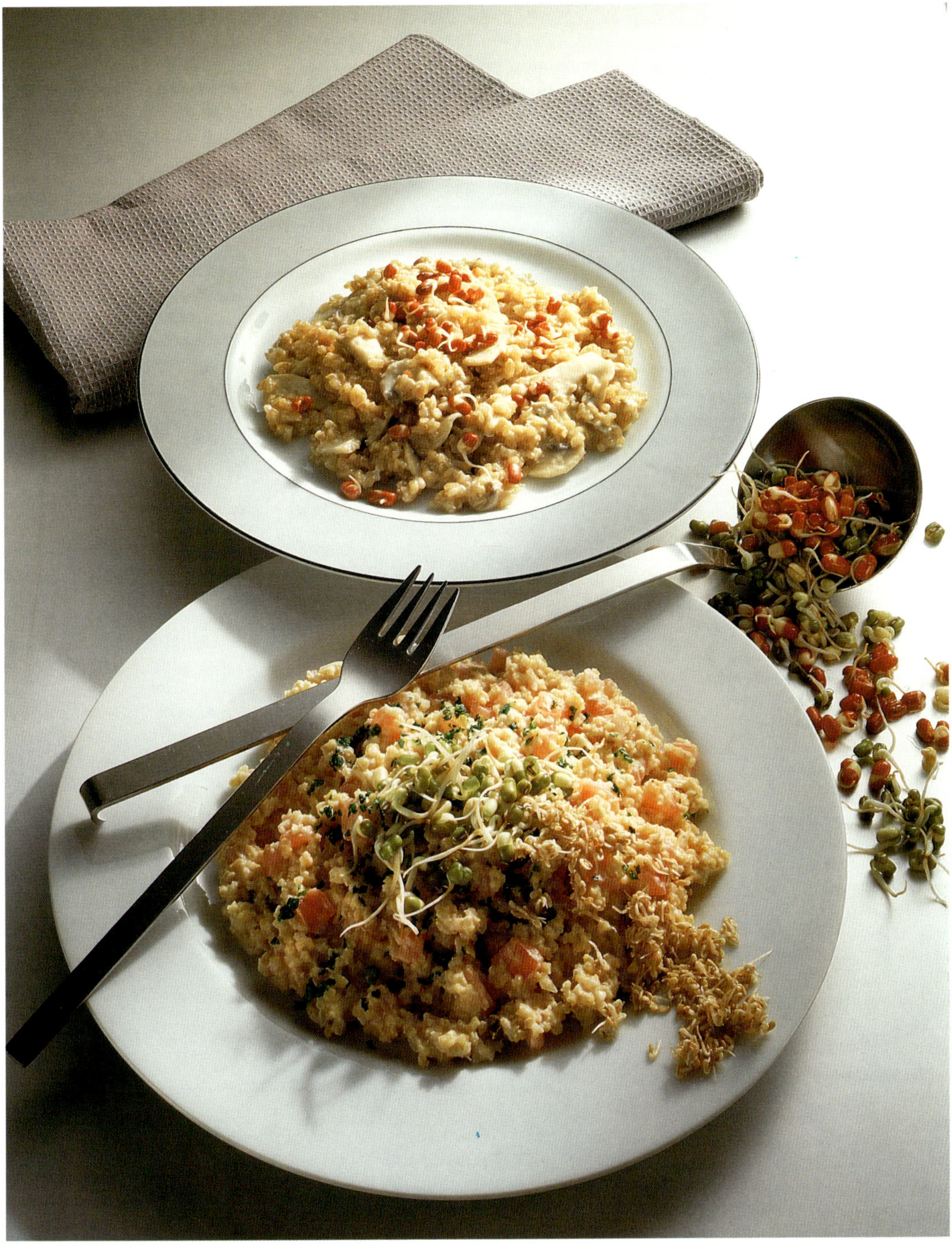

Quiche mit grünen Bohnen und Sprossen

Zutaten für 4–6 Personen:
Für den Teig:
200 g Weizenvollkornmehl
1 Prise Salz
2 Eier
1 Eßl. Olivenöl, kaltgepreßt
1–2 Eßl. lauwarmes Wasser
Pergamentpapier
Für den Belag:
300 g grüne Bohnen
Salz
200 g Kichererbsensprossen
(etwa 100 g Trockengewicht)
300 g Tomaten
je 1 Bund Schnittlauch und Petersilie
75 g Parmesan
4 Eier
200 g Sahne
weißer Pfeffer, frisch gemahlen
1 kräftige Prise Cayennepfeffer
50 g Alfalfasprossen
(etwa 10 g Trockengewicht)
Für die Form: etwas Butter

Bei 6 Personen pro Portion etwa:
1900 kJ/450 kcal
22 g Eiweiß · 24 g Fett
35 g Kohlenhydrate
9 g Ballaststoffe

• Zubereitungszeit: etwa
2 Stunden

1. Das Mehl mit dem Salz, den Eiern, dem Öl und dem Wasser mischen und zu einem glatten geschmeidigen Teig verkneten. Der Teig soll weich sein, darf aber nicht an den Fingern kleben. Bei Bedarf noch etwas Wasser beziehungsweise Mehl unterarbeiten.

2. Den Teig in Pergamentpapier wickeln und bei Zimmertemperatur etwa 1 Stunde ruhen lassen.

3. Inzwischen für den Belag die Bohnen waschen und eventuell von den Fäden befreien. Die Bohnen in etwa 3 cm lange Stücke schneiden.

4. Die Bohnen in sprudelnd kochendem Salzwasser etwa 2 Minuten vorgaren. Die Bohnen dann in einem Sieb kalt abschrecken und gründlich abtropfen lassen.

5. Die Kichererbsensprossen in einem Sieb kalt abspülen und gründlich abtropfen lassen. Die Tomaten mit kochendem Wasser überbrühen, kurz darin ziehen lassen, kalt abschrecken und häuten. Die Tomaten klein würfeln, dabei die Stielansätze entfernen. Die Kräuter waschen und trockenschwenken. Den Schnittlauch in Röllchen schneiden, die Petersilie ohne die groben Stiele sehr fein hacken. Den Parmesan fein reiben.

6. Den Nudelteig noch einmal gründlich durchkneten, dann auf der leicht bemehlten Arbeitsfläche oder in der Nudelmaschine zu dünnen Platten ausrollen.

7. Eine Springform von 28 cm Ø mit etwas Butter ausfetten, dann mit den Teigplatten auskleiden, dabei einen Rand von etwa 3 cm Höhe formen.

8. Die Eier trennen. Die Eigelbe mit dem Käse und der Sahne verquirlen. Die Masse mit Salz, Pfeffer und dem Cayennepfeffer abschmecken. Die Eiweiße mit 1 Prise Salz zu steifem Schnee schlagen, dann vorsichtig unter die Eigelbmasse heben.

9. Die Bohnen mit den Kichererbsensprossen, den Tomaten und den Kräutern mischen und auf dem Teigboden verteilen. Die Eiersahne darüber gießen.

10. Die Quiche in den Backofen (Mitte) geben. Den Ofen auf 200° schalten und die Quiche etwa 45 Minuten backen, bis sie schön gebräunt ist.

11. Kurz vor Ende der Garzeit die Alfalfasprossen in einem Sieb kalt abspülen und abtropfen lassen. Die Quiche mit den Sprossen bestreut servieren.

Quiche muß nicht immer »Lorraine« heißen, auch diese vollwertige Version schmeckt hervorragend.

Tomaten-Zucchini-Pizza mit Sprossen

Zutaten für 2–3 Personen:
Für den Teig:
250 g Weizenvollkornmehl
20 g frische Hefe (1/2 Würfel)
1 Prise Zuckerrohrgranulat
etwa 1/8 l lauwarmes Wasser
Salz
7 Eßl. Olivenöl, kaltgepreßt
Für den Belag:
750 g Fleischtomaten
1 Zwiebel
2 Knoblauchzehen
2–3 junge Zucchini
1 Eßl. Olivenöl
je einige Zweige Thymian,
Salbei und Basilikum
100 g Mungobohnensprossen
(etwa 30 g Trockengewicht)
Salz
schwarzer Pfeffer, frisch gemahlen
150 g Mozzarella
2 Eßl. Parmesan, frisch gerieben
je 50 g gekeimte Sonnenblumenkerne und Leinsamensprossen
(je etwa 10 g Trockengewicht)
Für das Blech: Olivenöl

Preiswert

Bei 3 Personen pro Portion etwa:
4100 kJ/980 kcal
41 g Eiweiß · 60 g Fett
71 g Kohlenhydrate
20 g Ballaststoffe

- Zubereitungszeit: etwa
  1 1/2 Stunden

1. Für den Teig das Mehl in eine Schüssel geben und in die Mitte eine Mulde drücken. Die Hefe in einer Tasse zerkrümeln und mit dem Zuckerrohrgranulat und wenig Wasser anrühren. Die Hefe in die Mehlmulde geben, mit etwas Mehl bestäuben und zugedeckt an einem warmen Ort etwa 15 Minuten gehen lassen.

2. Dann das restliche Wasser, 1 kräftige Prise Salz und 6 Eßlöffel Olivenöl zum Mehl geben und alles gründlich zu einem glatten geschmeidigen Teig verkneten.

3. Den Teig zugedeckt an einem warmen Ort etwa 45 Minuten gehen lassen, bis sich sein Volumen fast verdoppelt hat.

4. Inzwischen für den Belag die Tomaten mit kochendem Wasser überbrühen, kurz darin ziehen lassen, kalt abschrecken und häuten. Die Tomaten klein würfeln, dabei die Stielansätze entfernen. Die Zwiebel und den Knoblauch fein hacken. Die Zucchini putzen, waschen und längs in dünne Scheiben schneiden.

5. Das Öl in einer Pfanne erhitzen. Die Zwiebel und den Knoblauch darin glasig dünsten. Die Tomaten dazugeben und bei mittlerer Hitze unter Rühren so lange schmoren, bis die Flüssigkeit, die sich dabei bildet, verdampft ist.

6. Die Kräuter mit kaltem Wasser waschen und trockenschwenken. Die Thymianblättchen von den Stielen streifen, die Salbei- und die Basilikumblätter in Streifen schneiden. Die Mungobohnensprossen in einem Sieb kalt abspülen und gründlich abtropfen lassen.

7. Die Tomaten mit den Mungobohnensprossen und den Kräutern vermengen und mit Salz und Pfeffer abschmecken.

8. Den Hefeteig noch einmal gut durchkneten. Den Mozzarella abtropfen lassen und in feine Scheiben schneiden.

9. Das Backblech mit etwas Öl ausstreichen.

10. Den Teig auf wenig Mehl in der Größe des Backblechs ausrollen, dann darauf geben. Die Ränder etwas dicker formen und mit dem restlichen Öl bestreichen.

11. Die Tomatenmasse auf dem Teig verteilen, mit den Zucchini und dem Mozzarella belegen und mit dem Parmesan bestreuen.

12. Die Pizza in den Backofen (unten) geben. Den Ofen auf 220° schalten und die Pizza etwa 35 Minuten backen, bis der Käse zerlaufen und schön gebräunt ist.

13. Inzwischen die gekeimten Sonnenblumenkerne und die Leinsamensprossen in einem Sieb kalt abspülen und gründlich abtropfen lassen. Die Pizza mit den Sonnenblumenkernen und dem Leinsamen bestreut servieren.

Über eine köstliche Tomaten-Zucchini-Pizza mit Sprossen, frisch aus dem Ofen, freuen sich nicht nur Gäste.

Pellkartoffeln mit Sprossen-Quark

Zutaten für 4 Personen:

1 kg mehligkochende Kartoffeln

500 g Quark

150 g saure Sahne

100 g Sahne

1 Teel. scharfer Senf

2 Teel. Olivenöl, kaltgepreßt

Salz

weißer Pfeffer, frisch gemahlen

1 Bund Radieschen

100 g junge Möhren

je 75 g Kürbiskern- und Kressesprossen (insgesamt etwa 45 g Trockengewicht)

1 Bund Schnittlauch

Gelingt leicht

Pro Portion etwa:
2500 kJ/600 kcal
31 g Eiweiß · 32 g Fett
48 g Kohlenhydrate
9 g Ballaststoffe

- Zubereitungszeit: etwa 40 Minuten

1. Die Kartoffeln gründlich waschen, dann mit wenig Wasser bei mittlerer Hitze in etwa 30 Minuten weich garen.

2. Inzwischen in einer Schüssel den Quark mit der sauren Sahne und der Sahne verrühren und mit dem Senf, dem Öl, Salz und Pfeffer würzen.

3. Die Radieschen waschen und in Stifte schneiden. Die Möhren schälen und fein raspeln. Die Sprossen kalt abspülen und abtropfen lassen. Den Schnittlauch in Röllchen schneiden.

4. Die Radieschen, die Möhren, die Sprossen und den Schnittlauch unter den Quark mischen. Den Quark zu den Pellkartoffeln servieren.

Gemüse mit Senfsprossen

Zutaten für 3 Personen:

1 Fenchelknolle

250 g Möhren

250 g grüne Bohnen

je 1 rote und gelbe Paprikaschote

1 Zwiebel

1 Knoblauchzehe

1 Stück frische Ingwerwurzel (etwa 1 cm lang)

1 Eßl. Olivenöl, kaltgepreßt

1/8 l Gemüsebrühe

150 g Senfsprossen (etwa 50 g Trockengewicht)

1/2 Teel. Kurkuma

1/2 Teel. gemahlener Kreuzkümmel

Salz

weißer Pfeffer, frisch gemahlen

200 g Crème fraîche

1 Bund Schnittlauch

Gelingt leicht

Pro Portion etwa:
1900 kJ/450 kcal
10 g Eiweiß · 35 g Fett
22 g Kohlenhydrate
12 g Ballaststoffe

- Zubereitungszeit: etwa 40 Minuten

1. Den Fenchel putzen, waschen und in Streifen schneiden. Die Möhren schälen und in Stifte schneiden. Die Bohnen putzen, waschen und halbieren. Die Paprikaschoten waschen, putzen und in Streifen schneiden.

2. Die Zwiebel und den Knoblauch fein hacken. Den Ingwer schälen und fein hacken.

3. Das Öl erhitzen. Die Zwiebel, den Knoblauch und den Ingwer darin glasig dünsten. Den Fenchel, die Möhren und die Bohnen dazugeben und kurz mitbraten. Die Gemüsebrühe angießen. Das Gemüse zugedeckt bei mittlerer Hitze etwa 5 Minuten garen.

4. Inzwischen die Sprossen kalt abspülen und abtropfen lassen.

5. Die Paprikaschoten, die Sprossen, den Kurkuma und den Kreuzkümmel dazugeben. Mit Salz und Pfeffer würzen und zugedeckt in weiteren 5 Minuten bißfest garen. Die Crème fraîche untermischen.

6. Den Schnittlauch in Röllchen schneiden. Das Gemüse damit bestreut servieren.

Bild oben:
Pellkartoffeln mit Sprossen-Quark
Bild unten:
Gemüse mit Senfsprossen

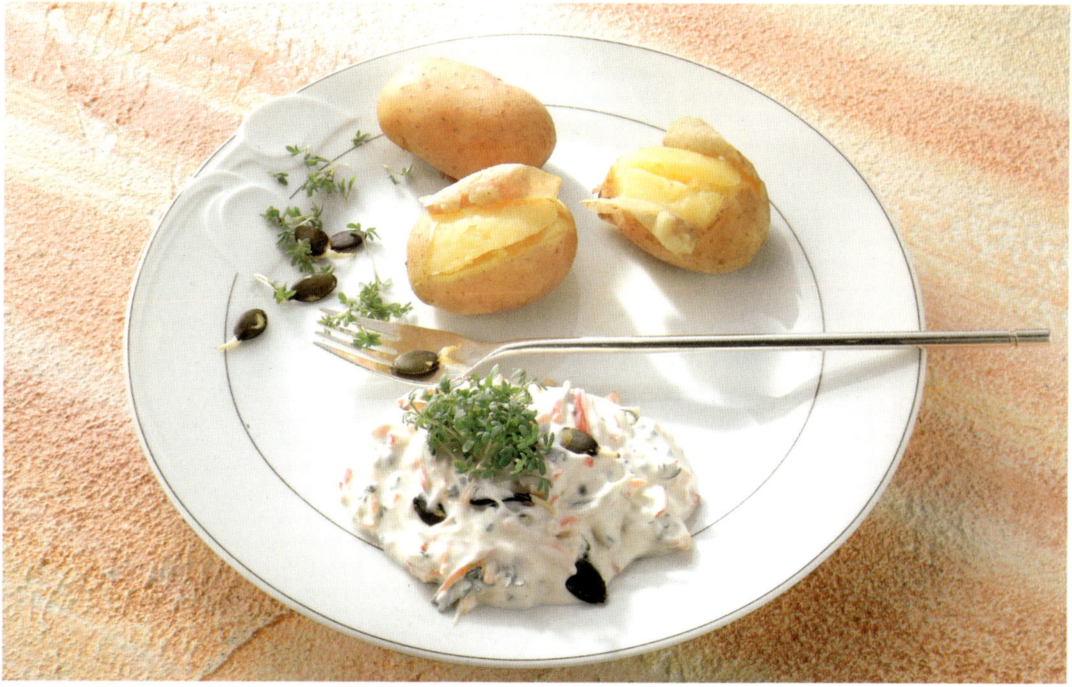

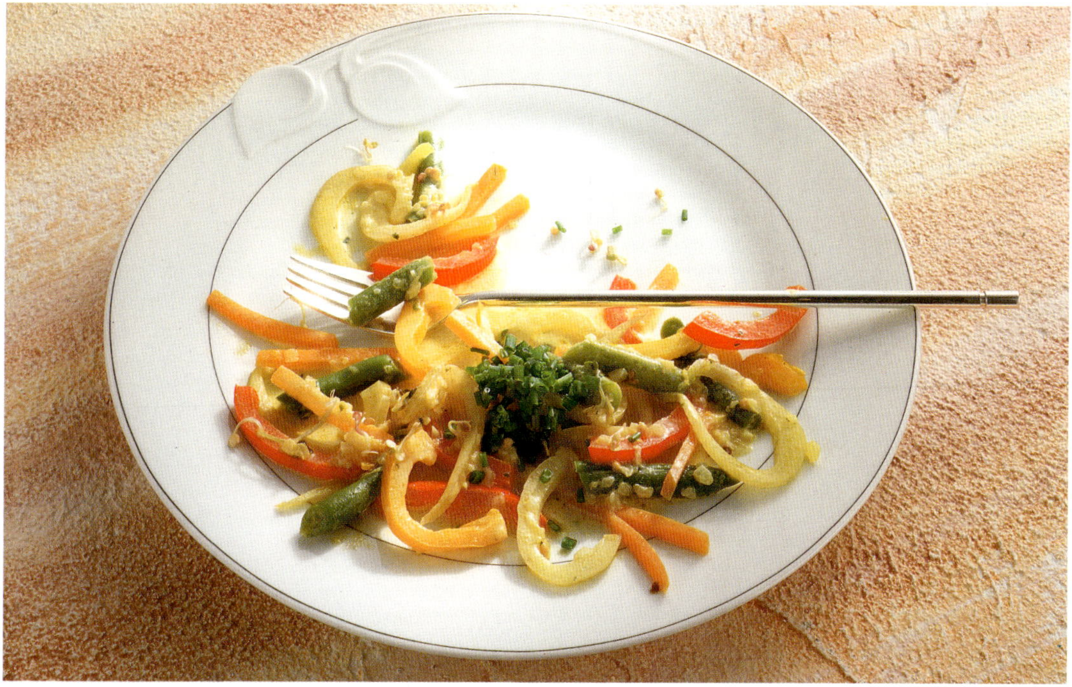

Grünkern-pflänzchen mit Sprossen

Zutaten für 4 Personen:

1 Zwiebel

4 Eßl. Olivenöl, kaltgepreßt

200 g Grünkern, mittelgrob geschrotet

3/8 l Wasser

einige Zweige frischer Majoran

2 Eier

Salz

weißer Pfeffer, frisch gemahlen

2 Knoblauchzehen

1 Bund Frühlingszwiebeln

800 g vollreife Tomaten

1 Prise Cayennepfeffer

1 Prise Zuckerrohrgranulat

200 g gemischte Sprossen (Mungobohnen, Kichererbsen und Hafer; insgesamt etwa 60 g Trockengewicht)

1 Bund Basilikum

Gelingt leicht

Pro Portion etwa:
2100 kJ/500 kcal
17 g Eiweiß · 25 g Fett
53 g Kohlenhydrate
10 g Ballaststoffe

- Zubereitungszeit: etwa
  2 Stunden

1. Die Zwiebel hacken. 1 Eßlöffel von dem Öl in einem Topf erhitzen und die Zwiebel darin glasig dünsten. Den Grünkernschrot hinzufügen und kurz anrösten.

2. Das Wasser angießen und den Schrot bei schwacher Hitze unter Rühren etwa 10 Minuten köcheln lassen. Den Schrot dann zugedeckt auf der abgeschalteten Kochplatte etwa 50 Minuten quellen lassen.

3. Dann den Majoran waschen, trockentupfen und fein hacken. Den Schrot etwas abkühlen lassen, dann mit dem Majoran und den Eiern mischen und mit Salz und Pfeffer abschmecken. Aus der Masse 8 gleich große Pflänzchen formen.

4. Den Knoblauch fein hacken. Die Frühlingszwiebeln putzen, waschen und mit dem zarten Grün in feine Ringe schneiden. Die Tomaten mit kochendem Wasser überbrühen, kurz darin ziehen lassen, kalt abschrecken und häuten. Die Tomaten in kleine Würfel schneiden, dabei die Stielansätze herausschneiden.

5. Für die Grünkernpflänzchen in einer Pfanne 2 Eßlöffel von dem Öl erhitzen. Die Pflänzchen darin bei mittlerer Hitze von beiden Seiten insgesamt etwa 10 Minuten garen, bis sie schön gebräunt sind.

6. Gleichzeitig in einem Topf das restliche Öl erhitzen. Den Knoblauch und die Frühlingszwiebeln darin glasig dünsten. Die Tomaten dazugeben und mit Salz, Pfeffer, dem Cayennepfeffer und dem Granulat abschmecken. Die Tomaten offen bei mittlerer Hitze etwa 5 Minuten garen, dabei gelegentlich umrühren.

7. Die Sprossen in einem Sieb kalt abspülen und abtropfen lassen. Das Basilikum waschen, trockenschwenken und ohne die groben Stiele in feine Streifen schneiden.

8. Die Sprossen unter das Tomatengemüse mischen und alles weitere 5 Minuten garen. Das Gemüse auf vorgewärmte Teller verteilen und mit dem Basilikum bestreuen. Die Pflänzchen dazu servieren.

Tip!

Getreideschrot kann, wie auch Mehl aus dem vollen Korn, unterschiedlich viel Wasser binden. Das hängt vor allem davon ab, wie grob oder fein die Körner geschrotet sind. Die Flüssigkeitsangaben bei den Rezepten können also manchmal geringfügig von der tatsächlich benötigten Menge abweichen.
Wenn der Grünkernschrot nach dem Garen zu trocken ist, geben Sie also noch wenig Flüssigkeit dazu; wird der Teig zu weich, mischen Sie noch etwas Mehl oder Vollkorn-Semmelbrösel darunter.

Sprossen in Sahnesauce

Zutaten für 3–4 Personen:
400 g gemischte Sprossen (zum
Beispiel Roggen, Linsen, Mungo-
bohnen und Buchweizen; insgesamt
etwa 130 g Trockengewicht)
50 g Alfalfasprossen
(etwa 10 g Trockengewicht)
1 Knoblauchzehe
1 Schalotte
1 Eßl. Butter
200 g Sahne
Salz
weißer Pfeffer, frisch gemahlen
1 Teel. Zitronensaft
1 Bund Petersilie

Gelingt leicht

Bei 4 Personen pro Portion etwa:
1200 kJ/290 kcal
5 g Eiweiß · 21 g Fett
21 g Kohlenhydrate
5 g Ballaststoffe

● Zubereitungszeit: etwa
  20 Minuten

1. Die gemischten Sprossen kalt abspülen, abtropfen lassen. Die Alfalfasprossen getrennt waschen und abtropfen lassen.

2. Den Knoblauch und die Schalotte fein hacken.

3. Die Butter in einem Topf erhitzen. Die Schalotte und den Knoblauch darin glasig dünsten. Die gemischten Sprossen hinzufügen und kurz anbraten.

4. Die Sahne angießen und alles offen bei mittlerer Hitze etwa 5 Minuten garen, bis die

Sauce etwas eingekocht ist. Das Gericht dann mit Salz, Pfeffer und dem Zitronensaft abschmecken.

5. Die Petersilie waschen und kleinschneiden. Das Gemüse mit der Petersilie bestreuen und servieren. Das Gemüse schmeckt gut zu Kartoffelgerichten oder Getreidepflänzchen.

Gratinierte Sprossen mit Tomaten

Zutaten für 3–4 Personen:
150 g gemischte Sprossen (zum
Beispiel Gerste, Buchweizen und
Sesam; insgesamt etwa
75 g Trockengewicht)
400 g Tomaten
4 Frühlingszwiebeln
Salz
weißer Pfeffer, frisch gemahlen
150 g Sahne
150 g Mozzarella
50 g gekeimte Sonnenblumenkerne
(etwa 25 g Trockengewicht)
1 Bund Basilikum

Gelingt leicht

Bei 4 Personen pro Portion etwa:
1600 kJ/380 kcal
16 g Eiweiß · 31 g Fett
9 g Kohlenhydrate
5 g Ballaststoffe

● Zubereitungszeit: etwa
  45 Minuten

1. Die Sprossen in einem Sieb kalt abspülen und abtropfen lassen. Die Tomaten mit ko-

chendem Wasser überbrühen, kurz darin ziehen lassen, kalt abschrecken und häuten. Die Tomaten in kleine Würfel schneiden, dabei die Stielansätze entfernen. Die Frühlingszwiebeln waschen, putzen und mit dem zarten Grün in feine Ringe schneiden.

2. Die Sprossen mit den Tomaten und den Frühlingszwiebeln in einer feuerfesten Form mischen und mit Salz und Pfeffer abschmecken. Die Sahne seitlich angießen. Den Mozzarella abtropfen lassen, in Scheiben schneiden und auf den Zutaten in der Form verteilen.

3. Die Form in den Backofen (Mitte) stellen. Den Ofen auf 220° schalten und das Gratin etwa 30 Minuten garen, bis der Käse zerlaufen und gebräunt ist.

4. Kurz vor Ende der Garzeit die gekeimten Sonnenblumenkerne in einem Sieb kalt abspülen und abtropfen lassen. Das Basilikum waschen, trockenschwenken, von den groben Stielen befreien und fein hakken.

5. Das Gratin mit den Sonnenblumenkernen und dem Basilikum bestreut servieren. Schmeckt gut zu Pellkartoffeln.

Im Bild oben:
Sprossen in Sahnesauce
Im Bild unten:
Gratinierte Sprossen mit Tomaten

Sauerkraut mit Sprossen

Statt Sauerkraut können Sie auch frisches Weißkraut oder Spitzkohl verwenden.

Zutaten für 3 Personen:
1 Zwiebel
1 Knoblauchzehe
1 Eßl. Sonnenblumenöl
250 g Sauerkraut
1 Lorbeerblatt
100 g Weizensprossen
(etwa 40 g Trockengewicht)
150 g saure Sahne
Salz
weißer Pfeffer, frisch gemahlen
1/2 Teel. rosenscharfes Paprikapulver

Preiswert

Pro Portion etwa:
720 kJ/170 kcal
5 g Eiweiß · 11 g Fett
14 g Kohlenhydrate
4 g Ballaststoffe

• Zubereitungszeit: etwa
  30 Minuten

1. Die Zwiebel und den Knoblauch fein hacken.

2. Das Öl in einem Topf erhitzen. Die Zwiebel und den Knoblauch darin glasig dünsten. Das Sauerkraut mit einer Gabel etwas lockern, dann dazugeben und kurz andünsten.

3. Das Lorbeerblatt und etwa 2 Eßlöffel Wasser dazugeben und das Sauerkraut bei schwacher Hitze zugedeckt in etwa 15 Minuten bißfest garen. Dabei gegebenenfalls noch etwas Wasser angießen.

4. Inzwischen die Weizensprossen in einem Sieb kalt abspülen und gründlich abtropfen lassen.

5. Das Lorbeerblatt aus dem Sauerkraut entfernen. Die saure Sahne untermischen und das Kraut mit Salz, Pfeffer und dem Paprikapulver abschmecken.

6. Das Sauerkraut mit den Weizensprossen mischen und servieren. Das Sauerkraut schmeckt gut zu Schupfnudeln.

Lauch-Sprossen-Gemüse

Zutaten für 2 Personen:
400 g Lauch
150 g Erbsensprossen
(etwa 75 g Trockengewicht)
2 Eßl. Maiskeimöl
50 ccm Gemüsebrühe
1 Teel. Zitronensaft
Salz
weißer Pfeffer, frisch gemahlen
1 Bund Petersilie

Ohne tierisches Eiweiß
Preiswert

Pro Portion etwa:
960 kJ/230 kcal
7 g Eiweiß · 16 g Fett
14 g Kohlenhydrate
7 g Ballaststoffe

• Zubereitungszeit: etwa
  20 Minuten

1. Den Lauch putzen, gründlich waschen und mit dem zarten

Grün in etwa 2 cm lange Stücke schneiden. Die Erbsensprossen in einem Sieb kalt abspülen und gründlich abtropfen lassen.

2. Das Öl in einer Pfanne erhitzen und die Lauchstücke darin unter Rühren anbraten. Die Erbsensprossen hinzufügen und kurz anbraten. Die Gemüsebrühe angießen.

3. Das Gemüse mit dem Zitronensaft, Salz und Pfeffer abschmecken und zugedeckt bei mittlerer Hitze etwa 5 Minuten garen, bis der Lauch bißfest ist.

4. Inzwischen die Petersilie waschen, trockenschwenken und ohne die groben Stiele fein hacken.

5. Das Sprossengemüse mit der Petersilie bestreut servieren. Es schmeckt gut zu Getreide- oder Tofupflänzchen.

Im Bild oben:
Sauerkraut mit Sprossen
Im Bild unten:
Lauch-Sprossen-Gemüse

Sprossen-gemüse provenzalisch

Welche Sprossen Sie für dieses Gericht verwenden, bleibt ganz Ihrem persönlichen Geschmack überlassen. So können Sie statt der angegebenen Sorten beispielsweise auch Linsen, Azukibohnen, Hafer und Buchweizen verwenden.

Zutaten für 4 Personen:
300 g Tomaten
2 junge Zucchini
1 kleine Aubergine
1 weiße Zwiebel
1 Knoblauchzehe
400 g gemischte Sprossen (zum
Beispiel Kichererbsen, Mungobohnen, Roggen und Gerste; insgesamt
etwa 150 g Trockengewicht)
3–4 Eßl. Olivenöl, kaltgepreßt
100 ccm Gemüsebrühe
einige Zweige frischer Salbei
Salz
weißer Pfeffer, frisch gemahlen
1 Prise Cayennepfeffer
50 g Kressesprossen
(etwa 10 g Trockengewicht)

Ohne tierisches Eiweiß
Gelingt leicht

Pro Portion etwa:
1300 kJ/310 kcal
13 g Eiweiß · 16 g Fett
27 g Kohlenhydrate
12 g Ballaststoffe

• Zubereitungszeit: etwa 45 Minuten

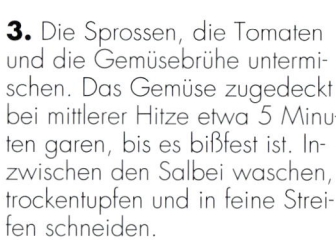

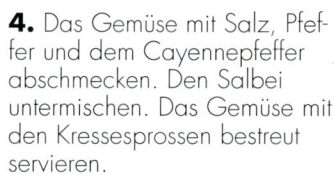

1. Die Tomaten häuten und in kleine Würfel schneiden, dabei die Stielansätze entfernen. Die Zucchini waschen, putzen und in Scheiben schneiden. Die Aubergine waschen, putzen und in kleine Würfel schneiden. Die Zwiebel in Ringe schneiden, den Knoblauch fein hacken. Die Sprossen kalt abspülen und gründlich abtropfen lassen.

2. Die Hälfte des Öls in einer Pfanne erhitzen. Die Auberginenwürfel darin bei mittlerer Hitze anbraten, bis sie gebräunt sind. Das restliche Öl dazugeben. Die Zwiebel und den Knoblauch hinzufügen und glasig dünsten. Die Zucchini untermischen und kurz anbraten.

3. Die Sprossen, die Tomaten und die Gemüsebrühe untermischen. Das Gemüse zugedeckt bei mittlerer Hitze etwa 5 Minuten garen, bis es bißfest ist. Inzwischen den Salbei waschen, trockentupfen und in feine Streifen schneiden.

4. Das Gemüse mit Salz, Pfeffer und dem Cayennepfeffer abschmecken. Den Salbei untermischen. Das Gemüse mit den Kressesprossen bestreut servieren.

Kichererbsen-sprossen mit Spinat

Spinat können Sie fast das ganze Jahr über frisch kaufen. Man unterscheidet den feineren Blattspinat, bei dem die einzelnen Blätter bei der Ernte über den Wurzeln abgeschnitten werden und den gröberen Wurzelspinat, bei dem die ganze Pflanze geerntet wird. Die Vorbereitung von Wurzelspinat macht mehr Arbeit, da zwischen den Blättern meist viel Erde sitzt.

Zutaten für 3 Personen:
300 g Spinat
1 Zwiebel
1 Knoblauchzehe
250 g Kichererbsensprossen
(etwa 125 g Trockengewicht)
1 Eßl. Butter
150 g Sahne
Salz
weißer Pfeffer, frisch gemahlen
1 Prise Muskatnuß, frisch gerieben
1 Bund Basilikum

Gelingt leicht

Pro Portion etwa:
1600 kJ/380 kcal
13 g Eiweiß · 23 g Fett
27 g Kohlenhydrate
8 g Ballaststoffe

- Zubereitungszeit: etwa 25 Minuten

1. Den Spinat verlesen und in stehendem kaltem Wasser gründlich waschen. Den Spinat dann abtropfen lassen und in feine Streifen schneiden. Die Zwiebel und den Knoblauch fein hacken. Die Kichererbsensprossen in einem Sieb kalt abspülen und gründlich abtropfen lassen.

2. Die Butter in einem Topf erhitzen. Die Zwiebel und den Knoblauch darin glasig dünsten. Den Spinat und die Kichererbsensprossen hinzufügen und kurz mitbraten.

3. Die Sahne angießen. Das Gemüse mit Salz, Pfeffer und dem Muskat abschmecken und zugedeckt bei mittlerer Hitze etwa 3 Minuten garen, bis der Spinat zusammengefallen ist.

4. Inzwischen das Basilikum waschen, trockenschwenken und die Blättchen von den Stielen zupfen. Die Blättchen in feine Streifen schneiden, das Gemüse damit bestreut servieren.

Blumenkohlgemüse mit Mungobohnen

Zutaten für 5 Personen:

350 g Tomaten

1 Blumenkohl

150 g Mungobohnensprossen

(etwa 45 g Trockengewicht)

1 Bund frischer Thymian

1 Eßl. Butter

125 g Crème fraîche

Salz

weißer Pfeffer, frisch gemahlen

1 Bund Schnittlauch

Preiswert

Pro Portion etwa:
860 kJ/200 kcal
8 g Eiweiß · 14 g Fett
12 g Kohlenhydrate
8 g Ballaststoffe

- Zubereitungszeit: etwa
  40 Minuten

1. Die Tomaten häuten und würfeln, dabei die Stielansätze entfernen. Den Blumenkohl waschen und putzen, dann in die einzelnen Röschen teilen. Die Mungobohnensprossen in einem Sieb kalt abspülen und abtropfen lassen. Den Thymian waschen, trockenschwenken und die Blättchen von den Stielen streifen.

2. Die Butter in einem Topf erhitzen. Den Thymian darin anschwitzen. Die Blumenkohlröschen dazugeben und kurz anbraten. Die Tomaten und die Crème fraîche untermischen. Das Gemüse mit Salz und Pfeffer abschmecken und zugedeckt bei mittlerer Hitze etwa 10 Minuten garen, bis der Blumenkohl bißfest ist.

3. Die Mungobohnensprossen untermischen und alles weitere 3 Minuten garen.

4. Den Schnittlauch waschen und in feine Röllchen schneiden. Das Gemüse mit dem Schnittlauch bestreut servieren.

Hafersprossen mit Mangold

Mangold gibt es nicht immer zu kaufen. Wenn Sie keinen bekommen, nehmen Sie statt dessen Spinat.

Zutaten für 3 Personen:

400 g Mangold

2 Tomaten

1 Zwiebel

1 Knoblauchzehe

250 g Hafersprossen

(etwa 100 g Trockengewicht)

1 Eßl. Olivenöl, kaltgepreßt

100 g Sahne

Salz

weißer Pfeffer, frisch gemahlen

1 Bund Petersilie

Gelingt leicht

Pro Portion etwa:
1500 kJ/360 kcal
11 g Eiweiß · 19 g Fett
35 g Kohlenhydrate
9 g Ballaststoffe

- Zubereitungszeit: etwa
  25 Minuten

1. Den Mangold waschen und abtropfen lassen. Die Blätter von den Stielen schneiden und grob hacken. Die Stiele in feine Streifen schneiden. Die Tomaten häuten und würfeln, dabei die Stielansätze entfernen. Die Zwiebel und den Knoblauch fein hacken. Die Hafersprossen in einem Sieb kalt abspülen und gründlich abtropfen lassen.

2. Das Öl in einem großen Topf erhitzen. Die Zwiebel und den Knoblauch darin glasig dünsten. Den Mangold hinzufügen und kurz mitbraten. Die Hafersprossen hinzufügen.

3. Die Sahne und die Tomaten untermischen, alles mit Salz und Pfeffer abschmecken und zugedeckt bei schwacher Hitze etwa 5 Minuten garen, bis die Mangoldstiele bißfest sind.

4. Inzwischen die Petersilie waschen, trockenschwenken und ohne die groben Stiele fein hacken.

5. Das Gemüse mit der Petersilie bestreut servieren.

Im Bild oben:
Blumenkohlgemüse mit Mungobohnen
Im Bild unten:
Hafersprossen mit Mangold

Zum Gebrauch

Damit Sie Rezepte mit bestimmten Zutaten noch schneller finden, stehen in diesem Register zusätzlich auch beliebte Zutaten wie Kartoffeln oder Tomaten – ebenfalls alphabetisch geordnet und halbfett gedruckt – über den entsprechenden Rezepten.

A

Alfalfa
Alfalfa 9
Rucola-Melonen-Salat
mit Alfalfa 18
Auberginencreme
mit Alfalfa 27
Nudeln mit Alfalfa-Zitronen-
Sauce 40
Zuckerschotensuppe
mit Alfalfa 34
Ananas schälen (Foto) 42
Ananascurry mit Kichererbsen-
sprossen 42
Aprikosen mit Sprossen 30
Auberginen häuten (Foto) 27
Auberginencreme
mit Alfalfa 27
Azukibohnen
Azukibohnen 9
Gorgonzolarisotto mit Azuki-
bohnen 44
Kartoffelsalat mit Azuki-
bohnen 22

B

Blumenkohlgemüse mit Mungo-
bohnen 60
Bockshornklee 9
Bockshornklee: Curry-Gemüse-
Suppe 36
Bohnen
Gemüse mit Senfsprossen 50
Quiche mit grünen Bohnen
und Sprossen 46
Buchweizen 10
Buchweizen: Spargelsuppe
mit Käseklößchen 34

C

Chicorée-Orangen-Salat
mit Rettich 20
Curry-Gemüse-Suppe 36

E

Erbsen
Erbsen 10
Fenchel-Tomaten-Suppe 38
Lauch-Sprossen-Gemüse 56
Erdbeer-Kiwi-Salat
mit Sprossen 28

F

Feldsalat mit Kürbiskern-
sprossen 16
Fenchel-Tomaten-Suppe 38
Früchte
Aprikosen mit Sprossen 30
Erdbeer-Kiwi-Salat
mit Sprossen 28
Pfirsichmüsli mit Lein-
samen 30
Sprossenmüsli mit Beeren 28

G

Gartenkresse 12
Gelbe Sojabohnen 10
Gemüse mit Senfsprossen 50
Gerste 10
Gerste: Rote-Bete-Suppe
mit Gerstensprossen 32
Gorgonzolarisotto
mit Azukibohnen 44
Gratinierte Sprossen
mit Tomaten 54
Grünkern 11
Grünkernpflänzchen
mit Sprossen 52
Gurkensuppe mit Mungo-
bohnen 38

H

Hafer 11
Hafer: Möhrenrohkost
mit Hafer 24
Hafersprossen mit Mangold 60
Hirse 11
Hirse mit Tomaten und Mungo-
bohnen 44

K

Kartoffeln
Curry-Gemüse-Suppe 36
Kartoffelsalat mit Azuki-
bohnen 22
Kartoffelsorten (Tip) 22
Kartoffelsuppe mit Lein-
samen 32
Pellkartoffeln mit Sprossen-
Quark 50
Keimen auf dem Teller 7
Keimen im Keimgerät 6
Keimen im Weckglas 6
Keimfrischbox 7
Keimgeräte 8
Keimmethoden 5
Kichererbsen
Ananascurry mit Kicher-
erbsensprossen 42
Kichererbsen 11
Kichererbsenaufstrich 26
Kichererbsensprossen
mit Spinat 59
Quiche mit grünen Bohnen
und Sprossen 46
Kiwi: Erdbeer-Kiwi-Salat
mit Sprossen 28
Kresse 12
Kürbiskerne 12
Kürbiskernsprossen
Feldsalat mit Kürbiskern-
sprossen 16
Pellkartoffeln mit Sprossen-
Quark 50
Rettichrohkost mit Kürbis-
kernen 24

L

Lauch-Sprossen-Gemüse 56
Leinsamen
    Leinsamen 12
    Kartoffelsuppe
      mit Leinsamen 32
    Pfirsichmüsli
      mit Leinsamen 30
Linsen 12
Linsen: Nudeln mit Linsen-
    sprossen 40
Luzerne 9

M

Mangold: Hafersprossen
    mit Mangold 60
Möhrenrohkost mit Hafer 24
Mungobohnen
    Mungobohnen 13
    Blumenkohlgemüse
      mit Mungobohnen 60
    Gurkensuppe mit Mungo-
      bohnen 38
    Hirse mit Tomaten
      und Mungobohnen 44
    Tomaten-Zucchini-Pizza
      mit Sprossen 48

N

Naturreis 13
Nudeln mit Alfalfa-Zitronen-
    Sauce 40
Nudeln mit Linsensprossen 40

P

Pellkartoffeln mit Sprossen-
    Quark 50
Pfefferschote (Tip) 43
Pfefferschote putzen (Foto) 26
Pfirsiche häuten (Tip) 30
Pfirsichmüsli mit Leinsamen 30
Pizza: Tomaten-Zucchini-Pizza
    mit Sprossen 48

Q

Quiche mit grünen Bohnen
    und Sprossen 46

R

Rettich
    Chicorée-Orangen-Salat
      mit Rettich 20
    Kartoffelsalat mit Azuki-
      bohnen 22
    Rettich 13
    Rettichrohkost mit Kürbis-
      kernen 24
Roggen
    Erdbeer-Kiwi-Salat
      mit Sprossen 28
    Roggen 13
    Rote-Bete-Sellerie-Rohkost
      mit Sesam 20
    Rote-Bete-Suppe mit Gersten-
      sprossen 32
    Rucola-Melonen-Salat
      mit Alfalfa 18

S

Samenmischungen 14
Sauerkraut mit Sprossen 56
Sellerie: Rote-Bete-Sellerie-
    Rohkost mit Sesam 20
Senf 14
Senf: Gemüse mit Senf-
    sprossen 50
Sesam 14
Sesam: Rote-Bete-Sellerie-
    Rohkost mit Sesam 20
Sojabohnen 14
Sojabohnen: Gelbe Soja-
    bohnen 10
Sonnenblumenkerne 14
Sonnenblumenkerne: Aprikosen
    mit Sprossen 30
Spargel: Nudeln mit Linsen-
    sprossen 40
Spargelsuppe mit Käse-
    klößchen 34
Spinat: Kichererbsensprossen
    mit Spinat 59
Sprossen mit Sahnesauce 54
Sprossengemüse
    provenzalisch 58
Sprossenmüsli mit Beeren 28
Sprossensalat mit Kräutern 18

T

Tomaten
    Blumenkohlgemüse
      mit Mungobohnen 60
    Fenchel-Tomaten-Suppe 38
    Gratinierte Sprossen
      mit Tomaten 54
    Hirse mit Tomaten
      und Mungobohnen 44
    Quiche mit grünen Bohnen
      und Sprossen 46
    Sprossengemüse
      provenzalisch 58
    Tomatensalat mit Käse
      und Alfalfa 16
    Tomaten-Zucchini-Pizza
      mit Sprossen 48

W

Weckglas 6
Weizen 15
Weizen: Sauerkraut
    mit Sprossen 56

Z

Zucchini: Tomaten-Zucchini-
    Pizza mit Sprossen 48
Zuckerschotensuppe
    mit Alfalfa 34

IMPRESSUM

Umschlag-Vorderseite:
Das Rezept für den Tomaten-salat mit Käse und Alfalfa finden Sie auf Seite 16.

Wichtiger Hinweis

Wenn bei den Rezepten Getreide benötigt wird, so muß beim Einkauf darauf geachtet werden, daß das Getreide gereinigt ist. Es muß befreit sein von Schmutz und Unkrautsamen (vor allem Samen der giftigen Kornrade). Auch der wieder häufiger auftretende Pilzparasit, das Mutterkorn, der vor allem den Roggen befällt, darf nicht enthalten sein. Es ist ein schwärzliches, meist stark vergrößertes Getreidekorn. Mutterkorn ruft beim Genuß lebensgefährliche Vergiftungserscheinungen hervor. Getreide muß also vor der Verarbeitung unbedingt verlesen werden. Fragen Sie Ihren Händler, ob das Getreide durch eine Reinigungsanlage gelaufen ist. Denn dann können Sie sicher sein, daß es keine Verunreinigungen enthält. Bei der Verwendung von Hülsenfrüchten sollten Sie die angegebenen Garzeiten unbedingt einhalten, da Hülsenfrüchte sonst Giftstoffe enthalten können.

CIP-Kurztitelaufnahme der Deutschen Bibliothek:
Sprossen, fein und köstlich: gesunde Genüsse und Kochspaß mit selbstgezogenen Keimlingen / Cornelia Schinharl.
(Die Farbfotos gestalteten Odette Teubner und Kerstin Mosny).
– 2. Auflage – München; Gräfe und Unzer, 1992.
(GU Küchen-Ratgeber)
ISBN 3-7742-1094-2
NE: Schinharl, Cornelia; Teubner, Odette

2. Auflage 1992
© Gräfe und Unzer GmbH, München.

Redaktion: Claudia Bräunig
Layout: Ludwig Kaiser
Typographie und Herstellung: Robert Gigler
Fotos: Odette Teubner, Kerstin Mosny
Umschlaggestaltung: Heinz Kraxenberger
Satz: GSD, München
Reproduktionen: SKU, München
Druck: Appl, Wemding
Bindung: R. Oldenbourg
ISBN: 3-7742-1094-2

Cornelia Schinharl

lebt in München und interessierte sich schon immer für das Thema Kochen. Nach ihrem Sprachenstudium eignete sie sich umfangreiche Kenntnisse im Bereich Ernährung durch die Arbeit bei einer Foodjournalistin an. Seit 1985 ist sie als Redakteurin und Autorin selbständig tätig. Von ihr sind bereits mehrere Kochbücher erschienen.

Odette Teubner

wurde durch ihren Vater, den international bekannten Food-Fotografen Christian Teubner ausgebildet. Heute arbeitet sie ausschließlich im Studio für Lebensmittelfotografie Teubner. In ihrer Freizeit ist sie begeisterte Kinderporträtistin – mit dem eigenen Sohn als Modell.

Kerstin Mosny

besuchte eine Fachhochschule für Fotografie in der französischen Schweiz. Danach arbeitete sie als Assistentin bei verschiedenen Fotografen, unter anderem bei dem Food-Fotografen Jürgen Tapprich in Zürich. Seit März 1985 arbeitet sie im Fotostudio Teubner.